장사와 돈에 관련된 직업 2
은행 · 증권 · 보험 관련 직업

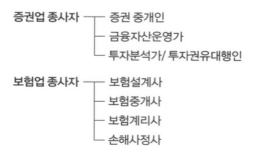

· 이 책에서 다루는 직업 ·

증권업 종사자 ┬ 증권 중개인
　　　　　　　├ 금융자산운영가
　　　　　　　└ 투자분석가/ 투자권유대행인

보험업 종사자 ┬ 보험설계사
　　　　　　　├ 보험중개사
　　　　　　　├ 보험계리사
　　　　　　　└ 손해사정사

미래를 여는
경이로운 직업의 역사

장사와
돈에
관련된
직업 II

박민규 지음

은행·증권·보험 관련 직업

빈빈
책방

내가 정말로 원하는 직업은 무엇일까?

'선생님'이 되어 아이들을 가르치고 싶은 사람도 있고, '의사'가 되어 아픈 사람을 치료해 주고 싶은 사람도 있고, '경찰관'이 되어 범죄를 저지른 사람을 잡고 사람들을 돕고 싶은 사람도 있을 것입니다. 선생님, 의사, 경찰관이 '된다'는 것은 바로 선생님, 의사, 경찰관이라는 '직업을 가진다'는 의미입니다.

우리는 저마다 자신의 희망, 적성, 능력에 따라 직업을 가집니다. 직업이란 사람이 경제적 보상을 받으면서 자발적으로 하는 지속적인 활동입니다. 직업을 가지게 되면 기본적인 경제생활을 할 수 있는 소득을 얻고, 사회 발전에 이바지할 수도 있고, 무엇보다도 자기가 가지고 있는 꿈을 실현할 수 있습니다. 그래서 한 사람이 살아가기 위해서는 '직업'을 가지는 것이 매우 중요합니다.

직업을 가지려면 먼저 그 직업이 하는 일은 무엇이며, 그 일을 잘하기 위해서는 어떤 능력이 필요하고, 사회에서 하는 역할이 무엇인지

아는 것이 중요합니다. 그래야 자신의 꿈을 이룰 수 있는 직업을 선택하고, 그 직업에 필요한 능력을 미리 갖출 수 있기 때문입니다.

2021년 기준 한국에는 약 1만 7천여 개의 직업이 있고, 해마다 새로운 직업이 생겨나고 있습니다. 수많은 직업 중에서도 특히 많은 사람이 관심을 갖는 직업들이 있습니다. 우리는 이 직업들이 처음에 어떻게 생겨났고, 시대의 변화에 따라 바뀐 점과 바뀌지 않은 점이 무엇인지 살펴볼 것입니다. 달라진 점을 살펴보면 그 직업이 앞으로 어떻게 변해 갈지를 예측해 볼 수 있습니다. 또한, 달라지지 않은 점을 바탕으로 그 직업의 진정한 의미와 가치를 찾아낼 수 있을 것입니다.

이 책이 여러분에게 '내가 정말로 원하는 직업이 무엇인지' 생각해 보고, 미래를 준비하는 데 도움이 되기를 바랍니다.

장사와 돈에 관련된 여러 직업

인류는 농사를 지으면서 남은 물건을 사고팔기 시작했습니다. 동시에 물건이나 재물을 안전하게 보관했다가 다른 사람에게 빌려주고 시간이 지나면 돌려받기도 했습니다. 빌려준 물건을 돌려받을 때는 일정한 비율로 이자를 받았습니다. 또한 여러 사람이 돈을 조금씩 모아 두었다가 자연재해나 사고와 같은 위험에 대비하기도 했습니다. 중세가 지날 무렵부터는 국가나 단체가 사람들에게 돈을 빌리고 이자를 내주었으며, 17세기 무렵부터는 사업을 시작할 때 여러 사람이 돈을 대고 회사의 권리를 나눠 받았습니다.

이 책은 재물을 보관하고, 빌려주고 이자를 받는 일을 하는 '은행원', 각종 재물과 권리를 기록한 문서인 증권을 거래하고 투자하는 일을 하는 '증권업 종사자' 그리고 여럿이 돈을 모아 위험에 대비하는 일과 관련한 직업인 '보험업 종사자'가 하는 일을 자세히 알아봅니다.

우선 그 일이 언제, 어떻게 탄생해서 오늘에 이르렀는지 살펴본 후 현재 상황은 어떤지, 그리고 미래에는 어떻게 달라질지를 예측합니다. 부록에서는 어떻게 하면 그 직업을 구할 수 있는지 소개합니다.

이 책을 통해 각각의 직업이 시대에 따라 겉으로 드러나는 모습과 하는 일의 본래 의미가 무엇인지, 변한 것은 무엇이고 변하지 않는 것은 무엇인지, 인류 발전에 어떻게 이바지했는지를 이해한다면, 직업을 지금까지와는 다른 시각에서 볼 수 있을 것입니다. 또한 현재와 미래를 살펴 그 직업에 필요한 자질이 무엇인지, 어떤 준비를 해야 하는지, 앞으로 어떤 발전 가능성이 있는지도 알 수 있을 것입니다.

무엇보다도 책을 읽는 청소년들이 직업의 본래 의미를 이해해서 앞으로 어떤 직업을 선택하든지 자기가 하는 일에 보람을 느끼고 즐겁게 살아가기를 기대합니다.

1부

돈을 보관하고, 빌려주고, 바꿔주는 은행원

은행원의
탄생과 변화

인류는 농사를 짓기 시작하면서 물건이 풍족해졌고, 서로에게 필요한 것들을 빌려주고 돌려받기 시작했다. 처음에는 물건을 그대로 돌려받았지만 점차 원래 빌려준 양보다 더 많은 물건을 더해서 받았고 이를 이자라고 했다. 물건의 가치를 같은 기준으로 판단할 수 있는 화폐가 생겨나자 화폐의 가치를 평가하고 교환해주는 일이 중요해졌다. 또한 사람들은 신전이나 안전한 금고가 있는 곳에 귀중품을 맡겼다. 이런 곳들이 은행으로 발전해 사람들의 돈을 보관하고 때로는 필요한 사람에게 돈을 빌려주었다.

고대 문명과 은행의 기원

은행과 은행업

돈을 맡아 두었다가, 원하는 곳으로 보내고, 필요한 사람에게 빌려 주는 일을 하는 기관이 '은행'이고, 이 일을 직업으로 삼는 사람이 '은행가*', 또는 '은행원'이다. 또한 은행은 외국 돈을 바꿔주며, 정부나 공공 기관을 대신해서 세금과 공공요금을 거둔다. 우리가 각종 물건을 살 때 카드를 이용할 수 있는 것도 은행 덕분이다. 이처럼 은행은 여러 가지 일을 서비스한다. 오늘날 우리는 은행이 제공하는 서비스 없는 일상을 상상하기 힘들다.

* 보통 은행을 소유하거나 운영하는 사람을 '은행가'라고 부르고, 은행에서 일하는 직원을 '은행원'이라 고 하며, 은행에서 하는 서비스와 관련된 일을 '은행업'이라 한다. 이 책에서는 현대 이전에 은행업을 하는 사람은 은행가로, 현대 이후 은행의 직원이나 은행을 운영하는 사람은 은행원이라 칭한다.

재물을 빌려주고 이자를 받는 일

수천 년 전부터 가까운 이웃이나 지인끼리 필요할 때 물건을 빌리고 빌려주는 일이 흔했다. 물건을 빌려주는 사람은 특별히 대가를 받지 않았고 물건을 빌릴 때 역시 대가 없이 빌릴 수 있었다. 빌리는 사람과 빌려주는 사람, 즉 '채권자'와 '채무자'는 서로 잘 아는 사이였기에 계약과 같은 특별한 형식이 없어도 믿고 빌려줄 수 있었다.

하지만 많은 사람이 모여 사는 도시가 발달하면서 잘 모르는 남에게 물건을 빌려주는 일이 생겼다. 때문에 명확한 계약을 통해 재물을 빌려줬으며 빌려준 재물의 양과 빌려준 기간에 따라 특별한 대가, 즉 '이자'를 받기 시작했다. 메소포타미아 지역에서 기원전 2400여 년 전에 개인끼리 맺은 대출 계약서가 발견되었으며 기원전 2000여 년 무렵에는 개인끼리 활발하게 재물을 빌려주고 이자를 받았음이 밝혀졌다.

이자는 가축이나 곡식을 빌려주면서 생겨났다. 가축을 기르면 새끼를 낳아 가축 수가 늘어나고, 곡식을 재배하면 뿌린 씨보다 더 많은 양을 거둘 수 있다. 그래서 가축이나 곡식을 빌려준 사람은 빌려준 만큼의 가축이

가축의 증가와 얻을 수 있는 이익을
계산한 드레헴 서판(루브르 박물관)

나 곡식을 자기가 길렀다면 늘어났을 양만큼을 더해서 나중에 돌려받았다. 이것이 이자의 시작이었다.

이자를 계산하는 방법은 처음 빌려준 원금의 일정 비율만큼만 이자를 받는 '단리'에서 원금에 이자를 더한 금액에도 이자를 붙이는 '복리'로 발전했다. 기원전 2200년 가축 거래로 유명한 도시 드레헴에서 소 떼가 10년 동안 늘어나는 과정과 그동안 얻을 수 있는 우유와 치즈의 양을 계산해서 기록한 점토판이 발견되었다. 이를 통해 복리를 계산하는 정교한 수학도 존재했다는 것을 알 수 있다.

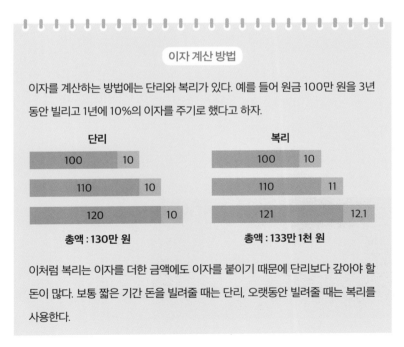

이자 계산 방법

이자를 계산하는 방법에는 단리와 복리가 있다. 예를 들어 원금 100만 원을 3년 동안 빌리고 1년에 10%의 이자를 주기로 했다고 하자.

단리		복리	
100	10	100	10
110	10	110	11
120	10	121	12.1
총액 : 130만 원		총액 : 133만 1천 원	

이처럼 복리는 이자를 더한 금액에도 이자를 붙이기 때문에 단리보다 갚아야 할 돈이 많다. 보통 짧은 기간 돈을 빌려줄 때는 단리, 오랫동안 빌려줄 때는 복리를 사용한다.

진흙으로 만든 계약서

메소포타미아 지역의 수메르 왕국에서는 재물을 빌려주고 나중에 이자를 받는 대출 계약서를 진흙으로 만든 '토큰'과 토큰을 담은 '진흙 봉투'로 만들었다. 예를 들어 다른 사람에게 보리 세 가마를 빌려주고 1년 후에 원래 빌려준 세 가마에 이자로 세 말을 더 받는 계약서를 만든다고 하자. 이 경우 진흙으로 된 작은 봉투에 보리 세 가마를 나타내는 큰 토큰 세 개와 보리 세 말을 나타내는 작은 토큰 세 개를 넣은 다음 입구를 막아두었다. 봉투의 겉에는 누구에게 언제까지 빌려주는지와 같은 기본적인 사항을 기록했다. 보리를 돌려받을 때가 되면 이 진흙 봉투를 열어 계약 내용을 확인했다. 또한 진흙으로 만든 점토판에 쐐기문자로 무엇을 얼마나, 누구에게 빌려주었는지, 이자는 얼마를 받고 언제 돌려받는지를 기록했으며, 이 계약서를 신을 모시는 '사원'에 보관했다.

진흙으로 만든 토큰과 진흙 봉투(왼쪽)와 점토판에 쐐기문자로 기록된 계약서(오른쪽)

은행의 역할을 담당한 사원

수메르 왕국에서 은행의 역할을 한 곳은 종교 사원이었다. 당시에는 경찰 같은 치안 조직이 없었기 때문에 개인이 귀중품을 가지고 있으면 위험했다. 사원은 제대로 된 담과 벽이 둘러쳐져 있었고, 안팎을 경비하는 사람도 있어서 다른 곳보다 안전했다.

또한 글을 읽고 쓸 수 있는 사람이 사제 말고는 거의 없었기에, 누가 무엇을 맡기고, 누구에게 얼마를 빌려주었는지를 기록할 수 있는 곳도 사원밖에 없었다. 사람들은 자연스럽게 사원에 자기 재물을 맡겼으며, 사제는 돈을 관리하는 은행가 일을 겸하게 되었다.

사제 은행가는 들어오는 돈과 나가는 돈을 기록해서 은행을 이용하는 사람에게 정기적으로 알려 주었다. 사원의 서비스는 점점 발전하여 사원에 재산을 맡겼음을 증명하는 보관증만 있다면 맡긴 재산을 다른 사원에서 찾을 수도 있었다.

법률로 대출과 이자를 보호한 함무라비 왕

기원전 18세기 바빌로니아를 다스렸던 함무라비 왕이 발표한 법에는 대출과 이자에 관한 조항이 있다. 이 법에서는 곡물을 빌려주면 약 40%의 이자, 은을 빌려주면 약 17%의 이자를 받도록, 재물을 빌려줄 때는 증인을 세우고, 계약서를 작성해야 한다고 정해 두었다. 아무리 두 사람이 서로를 믿고 계약서를 써서 사원에 보관한다고 해도 약속을 어겼을 때 처벌할 수 없으면 큰 의미가 없다. 하지만 대출과 이자에 관한 내용을 법에 밝혀둔 것을 보면 당시 바빌로니아에는 대출과 이자에 관한 약속을 반드시 지켜야 한다는 생각이 자리 잡았다는 것을 알 수 있다.

상인과 대출

메소포타미아 지역에서 번영했던 대도시 우르*의 유적지를 발굴하는 과정에서 두무지가밀이라는 상인이 남긴 기록이 나왔다. 이 기록에 따르면 두무지가밀은 기원전 1796년 동업자 슈미아비야와 함께 슈미아봄이라는 상인에게 은 500g을 빌렸다. 이중 절반인 250g은 두무지가밀의 몫으로 5년 후에는 원금과 이자를 합해 은 297.3g을 갚아야 했다. 그는 대출받은 돈으로 커다란 제빵소를 지어 자기 사업을 확장하는 데 활용하는 한편, 생활비가 급히 필요한 사람에게 이 돈의 일부를 빌려주고 이자를 받는 '대금업자'로도 활동했다. 이때 이자율은 20%로 비싸게 받았다. 상인은 대출을 이용해 자기 사업을 늘렸지만 가난한 백성들은 급한 생활비를 구하기 위해 비싼 이자를 주고 돈을 빌려야 했다.

두무지가밀과 슈미아비야에게 돈을 빌려준 슈미아봄은 5년을 기

---

* 수메르 왕국의 대표적인 도시로 이라크 남부에 우르 유적이 남아있다.

다려서 원금과 이자를 받는 대신 다른 상인에게 '빌려준 돈을 받을 권리(대출 채권)'를 먼저 팔았다. 슈미아붐에게 대출 채권을 산 상인은 5년 후인 기원전 1791년 빌려준 돈과 이자를 모두 받았다.

우르 지역 유적지 ⓒM.Lubinsk

대금업의 위험

당장 먹고살기 힘들어 비싼 이자를 주고 돈을 빌린 가난한 사람들은 빌린 돈을 갚기 위해 다시 돈을 빌리는 일이 잦았다. 돈을 빌려준 대금업자는 악착같이 빚을 받아냈다. 돈을 빌린 사람이 끝까지 갚지 못하면 가진 것을 몽땅 빼앗았고, 그래도 모자라면 돈 빌린 사람을 노예로 팔아 버리기도 했다.

대금업자는 때때로 빌려준 돈이나 재물을 돌려받지 못해 망하기도 했다. 빚을 진 백성이 너무 많아져 사회가 무너지는 것을 막기 위해서, 새로운 권력자가 백성의 인기를 끌기 위해서, 아니면 국가나 왕실에서 진 빚이 막대해 갚기 힘들면 왕은 갑자기 그때까지 모든 사람이 진 빚을 무효로 만드는 명령을 내렸다. 동시에 대금업자를 악마로 취급하며 도시 밖으로 추방하고, 재산을 모두 빼앗기도 했다. 심지어 분

화폐의 탄생과 발전

은행업의 발전과 떼어 놓을 수 없는 것이 '화폐'다. 빌려준 재물과 이자를 돌려받을 때 같은 종류의 물건으로 받으면 문제가 없었다. 하지만 빌려준 물건과 다른 물건을 대신 받는다면 두 물건의 가치가 같아지도록 조절해야 했다. 서로 다른 물건의 가치를 매번 따지는 것은 번거로운 일이었기에, 사람들은 몇몇 물건을 기준으로 삼아 다른 물건의 가치를 따지기 시작했다.

지역마다 조금씩 다르기는 했지만 보통 곡식이나 소금, 가죽과 같은 생활 필수품이나 금, 은, 구리와 같은 금속을 기준으로 삼았다. 그러다가 점점 다른 물건에 비해서 가지고 다니기 편리하고, 오래 지나도 변하지 않는 금속, 그중에서도 특히 금이나 은 같은 귀금속을 가치의 기준으로 삼았다. 귀금속은 다른 물질이 섞이지 않았는지(순도), 얼마나 무거운지(무게)에 따라 가치가 달라졌다. 그래서 상인들은 네모난 금이나 은 덩어리인 주괴에 무게와 순도를 나타내는 도장을 찍었으며, 나중에는 그림이나 글씨를 새겨 품질을 보장한 다음 화폐로 사용했다.

금속을 재료로 만든 화폐는 '주화'라고 부르는데, 금속의 종류에 따라 금으로 만든 금화(금전), 은으로 만든 은화(은전), 구리로 만든 동화(동전) 등으로도 구분한다. 지금까지 발견된 것 중 가장 오래된 주화는 기원전 610년 무렵 튀르키예 근처 리디아 왕국에서 사용되었던 '리디아 주화'이며, 금과 은을 섞은 호박금으로 만든 것이다. 10세기 이후에는 종이로 만든 지폐도 사용하기 시작했으며, 최근에는 실물 없이 네트워크 상에 전자적인 형태로 존재하는 '전자 화폐' 또는 '가상 자산'도 등장했다.

가장 오래된 금속 화폐인 리디아 주화

노한 대중에게 습격당한 대금업자가 목숨을 잃는 일도 있었다. 이런 경우 대금업자는 재빨리 도망쳐 목숨을 구하는 것 말고는 어찌할 방법이 없었다.

고대 그리스의 은행업

고대 그리스의 상업과 대출

기원전 8세기경 그리스에는 폴리스라는 작은 도시 국가가 번성했다. 그리스 지역의 토지는 밀과 같은 곡식을 기르기에는 적합하지 않았지만 포도나무와 올리브 나무는 잘 자랐다. 그래서 그리스인들은 배를 타고 바다를 건너 포도주와 올리브기름을 수출하고 식량을 수입했다.

제때 적당한 가격으로 곡식을 들여오는 것은 도시 국가의 생존이 걸린 중요한 일이었다. 때문에 아테네와 같은 폴리스는 곡식 가격이 오르지 않도록 상인이 남기는 이윤의 상한선을 지정하고, 상인들끼리 몰래 약속해서 값을 올려 팔지 못하게 했다. 또한 정부에서 은행가를 고용해서 해외 곡식 수입 사업에 돈을 빌려주었고, 개인적으로 돈을 대출하는 은행가도 활발히 활동했다.

돈을 빌리는 상인은 보통 자기 배를 '담보물'로 은행가에게 제공했다. 담보물이란 채무자가 빚을 갚지 않으면 빚 대신 가져가는 물건을 말한다. 만일 상인이 지정한 기간이 지난 다음에도 빌린 돈과 이자를 갚지 못하면 은행가는 담보물이었던 배를 팔아서 빌려준 돈을 되찾았다. 하지만 만약에 항해 도중 배가 침몰하면 상인은 돈을 갚지 않아도 되었고, 그렇게 되면 은행가는 빌려준 돈을 모두 날리는 것이었다. 그래서 은행가는 한 명의 상인에게 큰돈을 빌려주기보다는 여러 상인에게 돈을 조금씩 나누어 빌려주었다.

고대 그리스의 은행

그리스에서도 은행의 역할을 한 곳은 종교 사원이었다. 사원에 재산을 맡긴 사람들은 처음에는 보관비를 따로 내지 않았고, 가끔 사제에게 선물을 줬다. 하지만 시간이 지나면서 사원에서는 보관비를 받기 시작했다. 사원은 '오피스토도모스'라는 칸막이가 있는 작은 방에 귀중품을 보관했고, 어느 방 몇 번째 선반에 무엇이 들어 있는지를 꼼꼼히 기록해 두었다. 아테네의 파르테논 신전

고대 그리스의 은행이었던 파르테논 신전

도 국가 재산과 시민의 귀중품이 보관된 중요한 은행이었다. 사원은 경비가 엄해 도둑이나 강도가 함부로 침입하기 어려웠지만 도시가 점령되면 제일 먼저 약탈당하는 곳이기도 했다. 때로 도시 국가의 지도자는 전쟁 비용을 마련하기 위해 사원의 재산을 몰수하기도 했다.

국제 통화가 된 그리스 화폐

기원전 6세기 말 그리스의 정치가 히피아스는 '드라크마'라는 은화를 만들었다. 드라크마는 고대 그리스의 화폐 단위로 1드라크마는 4.3g 무게의 은이었다. 이 은화는 1드라크마, 2드라크마, 4드라크마, 10드라크마가 있었는데 가장 널리 쓰인 것은 4드라크마(17.2g의 은) 짜리 은화로, 앞면에는 아테나 여신의 초상이, 뒷면에는 아테나 여신을 늘 따라다니는 부엉이와 올리브 나뭇가지, 아테네 사람을 뜻하는 'A, O, E'를 새겼다. 드라크마 은화는 지중해 지역에서 널리 쓰였고, 중동 지역 상인을 통해 인도에까지 전해져 외국과의 거래에서 사용하는 '국제 통화'로 자리 잡았다.

고대의 국제 통화, 아테나 여신(앞면)과 부엉이(뒷면)
가 새겨진 4드라크마 은화

고대 로마의 은행과 은행가

환전상과 전당업자

나라마다 쓰는 주화의 종류가 달랐고, 또 주화를 만든 금속도 다 달랐다. 또한 같은 금화나 은화라도 다른 금속 물질이 섞여 순도가 떨어지거나, 일부가 깨진 주화도 있었기 때문에 교역하는 상인은 다양한 화폐의 가치를 정확히 알아야만 했다.

'환전상'은 길거리에 탁자를 차리고 저울로 동전의 무게를 달아 가치를 평가해서 다른 외국 화폐로 바꿔주는 사람이었다. 무게를 달고 순도를 측정한다고는 하지만 환전상 마음대로 값을 매기는 일이 많았다. 이 때문에 세상 물정을 잘 모르는 사람은 환전상에게 속아 돈을 바꿀 때 제값을 받지 못하는 일이 잦았다. 그래서 환전상이 모여 있는 골목을 '도둑 소굴'이라고 불렀다. 하지만 환전이 필요한 사람이 많았

기에 당시 유대교 회당처럼 사람이 많이 모이는 곳에도 환전상이 있었다. 또한 환전상은 물건을 담보로 잡고 돈을 빌려주고, 빌려 간 사람이 돈을 갚지 못하면 그 물건을 중고로 파는 '전당업자' 역할도 했다.

성전 안에서 돈을 바꿔주는 환전상을 쫓아내는 예수의 모습

로마의 은행가

환전상이 돈을 빌려주기도 했지만 커다란 액수를 대출하는 일은 은행가가 했다. 로마 정부에서는 전문적인 은행가를 고용해서 시민들의 예금을 받고, 필요한 사람에게 대출해 주고 귀중품을 금고에 보관하고, 나라의 재산을 관리하는 일을 시켰다.

정부에 소속된 은행가들은 읽고 쓰기와 숫자 계산에 능숙한, 잘 훈련된 사람들이었다. 이들은 위험한 사업에 대출해 준다든지, 신용을 믿고 많은 돈을 빌려주는 대담한 일은 하지 않았다. 오직 정부의 규정과 은행의 원칙을 지키며 안전하게 돈을 관리하는 것을 가장 중요하게 생각했다. 이들은 정부에서 주는 봉급을 받았지만, 때로 은행이 돈

을 많이 벌면 일부를 나눠 받기도 했다.

민간 은행에서 일하는 은행가도 있었다. 이들은 정부 소속 은행가보다는 과감하게 사업을 벌였다. 그 덕분에 돈을 벌어 호화롭게 살았지만, 사회적으로 존경받지는 못했다. 민간 은행의 영업은 노예나 해방 노예가 담당했다. 로마의 노예 중에는 좋은 교육을 받은 그리스 출신 포로들이 있었는데, 이런 노예는 교사나 은행가 등 전문 지식이 필요한 일에 적합했다.

로마의 법에 따르면 노예 주인은 자기가 노예에게 직접 시킨 일 말고는 책임지지 않았다. 예를 들어 노예가 고객의 돈을 떼어먹어도 주인이 지시한 일이 아니라면 주인이 물어줄 필요가 없었다. 그래서 돈 많은 투자자는 똑똑한 노예에게 사업 자금을 주고 자율적으로 은행 영업을 맡겼고, 자기가 투자한 돈만큼만 책임졌다.

경영 능력이 뛰어난 노예는 몸값이 비쌌으며 금방 돈을 벌어 자유를 사서 해방 노예가 될 수 있었다. 은행에서 일하던 노예는 해방 노예가 된 다음에도 계속 이전 주인과 함께 일하는 경우가 많았다. 이들은 로마 정부의 관리가 되기도 했다.

대금업과 고리대금업자

담보로 맡길만한 물건도 없고, 사회적인 신용도 없어 환전상이나 은행가에게 돈을 빌릴 수 없는 가난한 사람은 당장 돈이 급하면 대금업자를 찾았다. 대금업자는 형편이 어려운 사람에게 짧은 기간 동안 돈을 빌려주었는데 대부분 아주 높은 이자(고리)를 받았기에 '고리대금업자'라고 흔히 부른다.

대금업자는 대부분 대금업만 하는 것이 아니라 장사와 같이 다른 일을 주로 하면서 번 돈을 굴렸다. 심지어 어떤 대금업자는 직접 물건 수리, 금속 가공, 보석 세공 등의 기술을 익혀 빚 대신 넘겨받은 물건을 고쳐 비싸게 팔기도 했다. 부유한 형편이 아닌 대금업자는 빌려준 돈을 받지 못하면 자기가 빚더미에 올라 쫓겨 다닐 처지라 인정사정 없이 악착스레 빚을 받아냈다. 5세기 무렵 서로마 제국이 멸망한 후 환전상과 은행가는 전부 사라졌지만, 대금업자는 살아남아 계속 활동했다.

사회 계층과 대금업

로마의 지배층이 되려면 많은 재산이 꼭 필요했다. 최고 권력 기관인 원로원 의원이 될 수 있는 자격을 갖추려면 로마 화폐 단위로 25만 데나리우스 이상의 재산을 가져야 했다. 그 아래 기사 계급은 전쟁에 자기 돈으로 말과 장비를 갖추고 나갈 수 있을 만큼의 재

기원전 41년, 훗날 로마의 초대 황제 아우구스투스가 되는 옥타비아누스가 적을 무찌른 기념으로 발행한 데나리우스 은화

산이 있어야 했는데, 그 기준은 10만 데나리우스 이상이었다.

　하지만 원로원 의원은 땅을 이용하는 농업 말고는 직접 돈 버는 일을 할 수 없었다. 그래서 많은 원로원 의원은 대리자를 내세워 돈을 맡긴 후 은행업을 하도록 했고, 기사 계급은 직접 고리대 사업에 뛰어들어 재산을 모으기도 했다.

고대 중국 왕조의
은행과 은행업

고대 중국의 돈

중국 허난성 안양 현 북서쪽 일대에는 중국 역사상 최초의 국가 상商나라의 수도인 은허 유적이 있다. 1976년 은허 유적지에서 기원전 11세기 무렵 상나라의 여성 장군이자 왕비인 푸 하오의 무덤이 발견되었다. 이 무덤에서는 청동기 그릇, 옥 세공품, 갑골 등과 함께 6천 8백여 개의 조개껍데기가 나왔다. 이 조개껍데기는 은허 유적지로부터 멀리 떨어진 남쪽 바다에서 나오는 희귀한 것이었다. 귀중품과 발굴된 이 조개껍데기는 당시에 사용하던 화폐였다. 이는 기원전 10~11세기 유물에 '조개껍데기 30묶음으로 귀한 술잔을 만들었다' 라는 기록이 남아있는 것으로 알 수 있다.

푸 하오의 묘(왼쪽)와 화폐로 쓰였던 카우리 조개껍데기(오른쪽)

중국 윈난성 일부 지방에서는 14세기까지도 조개껍데기를 화폐로 사용했다. 하지만 경제가 발전하고 상업이 활발해지면서 늘어나는 화폐의 수요를 감당할 수 없었기에 구리나 쇠로 화폐를 만들기 시작했다.

한자로 본 조개와 돈의 관계

한자로 조개는 '패(貝)'라 쓴다. 돈과 관련된 많은 한자는 이 '패'자를 근본으로 삼는다. 재산, 재물을 뜻하는 '재(財)', 물건이나 돈을 빌리는 '대(貸)', 물건을 판다는 뜻의 '매(賣)', 혹은 산다는 뜻의 '매(買)', 자본, 자금 등의 단어에 나오는 재물을 뜻하는 '자(資)' 등 돈과 상거래와 관련한 한자에는 조개를 뜻하는 '貝'가 빠지지 않는다.

춘추 전국 시대의 대출

기원전 770년, 중국을 다스리던 주나라의 권위와 힘이 떨어지고 각 지방을 다스리는 제후가 서로 패권을 다투는 춘추 전국 시대로 접어든다. 춘추 전국 시대 중국에는 춘추 5패, 전국 7웅이라고 불리는 나라들이 세력을 다투었다.

이들 중 지금의 산둥성 지역에 자리 잡은 제齊나라의 수도 임치는 상업의 중심지였다. 제나라를 부강하게 만든 것은 제나라 16대 왕인 환공(기원전 720?~기원전 643)과 재상 관중(기원전 725~기원전 645)이었다. 관중은 상인이 편하게 이동하도록 도로를 정비하고 수도에는 상인을 대상으로 하는 술집을 열었으며, 다른 나라 제후들과 협력해서 나라마다 국경에서 걷는 세금을 통일했다.

관중은 다른 나라와 전쟁하기 위해 돈이 필요해지자 백성에게 특

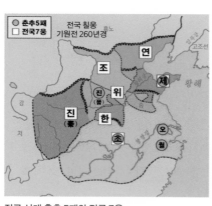

별 세금을 거두었다. 갑자기 돈을 마련하기 어려운 백성들은 부유한 귀족에게 급히 돈을 빌려 세금을 냈다. 이렇게 돈을 모아 전쟁에 승리하기는 했지만, 돈을 빌려 세금을 낸 백성의 불만이 높아졌다. 이러자 환공은 귀족

전국 시대 춘추 5패와 전국 7웅

을 불러 모아 백옥을 상품으로 내리며 백성의 빚을 없애 달라고 부탁했고, 빚을 없애자 민심은 다시 안정되었다.

화폐의 사용과 경제 발전

기원전 5세기 이후 화폐가 본격적으로 사용되고 경제가 발전했다. 중국 허베이성 북쪽에 자리 잡은 연나라에서는 칼모양의 화폐인 '도전'을 사용했다. 이 화폐는 겉에 '명明'자와 흡사한 문양이 새겨져 있어 '명도전'이라 불린다. 명도전은 연나라뿐 아니라 조나라, 제나라에서도 널리 사용되었으며, 우리나라 고조선에서도 중국과 교역할 때 사용했다.

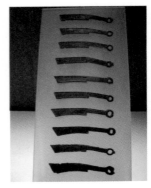

명도전

상업이 활발해지면서 큰 재산을 모은 부자도 탄생했다. 이들은 가난한 백성에게 돈을 빌려주고 이자를 받아 재물을 불렸다. 제나라 왕족 맹상군은 큰 부자였으며 그 아래 수천여 명의 식객*이 있었다. 그는 매년 대부업으로 큰돈을 벌었는데 한번은 식객 풍환을 '설'이라는

＊ 학식이 있는 사람, 다양한 분야에 재주가 있는 사람은 귀족의 식객, 혹은 문객이 되었는데, 제후는 이들을 후하게 대접했고, 식객은 제후가 필요한 일을 도왔다. 많은 식객을 거느리고 있다는 것은 제후의 능력과 권위를 나타내는 상징이었다.

지방에 보내 빚을 받아오게 시켰다. 당시 차용증과 같은 거래 장부를 만들 때는 대나무의 표면에 거래 내용을 쓴 후 이를 둘로 쪼개 거래 당사자가 하나씩 나눠 가졌다가 훗날 빚을 갚을 때 둘을 맞춰 확인했다. 그는 차용증을 대조해 보고 돈을 갚을 능력이 있는 사람은 기한을 정해주고, 돈 갚을 능력이 없는 사람의 차용증은 전부 태워버렸다. 풍환이 돌아오자 맹상군은 이자를 받아오지 않고 차용증을 태워버렸다고 화를 냈지만 풍환은 "대신 의義를 받아왔다"라고 맹상군을 설득했다.

고대 수학책에 등장하는 이자 계산법

『산수서』는 기원전 186년경 만들어진 중국에서 가장 오래된 수학책이다. 이 책에는 세금, 비단 가격, 가축에게 먹이는 여물의 양, 농산물 가격, 투자한 돈에 대한 이익을 배당받는 비율 등을 계산하는 다양한 방법이 등장한다. 그중에는 '돈 100전을 빌려주고 매달 3전의 이자를 받는다고 하자. 60전을 빌려주고 16일 후에 돌려받는다면 얼마를 받아야 할까?'와 같이 이자율을 계산하는 문제도 있다. 이런 문제를 통해 당시에는 짧은 기간 동안 돈을 빌려주는 단기 대출이 있었으며, 이자율은 연 36% 정도로 매우 높았다는 점을 알 수 있다.

진시황의 중국 통일과 화폐 통일

기원전 221년, 전국 7웅 중 훗날 진시
황제가 되는 진秦나라의 왕 영정은 중
국을 통일하고 중국의 법과 제도를 뜯
어고쳤다. 특히 문자, 도량형(크기, 길이,
무게를 재는 단위)과 화폐를 통일해서 춘
추 전국 시대 동안 나라마다 가지고 있

한나라 때까지 사용되었던 반량전

던 고유의 제도와 문화를 하나로 만들었다. 그는 나머지 6개 나라의
화폐를 모두 없애고 구리로 만든 '반량전'을 중국 전체에서 사용하도
록 했다. 이때부터 중국의 화폐는 '하늘은 둥글고 땅은 모나다'라는
천원지방 사상을 이어받아 둥글고 가운데 네모난 구멍이 있는 모양
으로 정해졌다. 이런 화폐의 모양은 1900년 처음으로 네모난 구멍이
없는 화폐가 나올 때까지 이어졌다.

한나라의 국가 대출

진나라의 뒤를 이은 한나라에서도 신용으로 물건을 거래하고 돈을
빌리는 일이 흔했다. 한나라를 세운 한고조 유방은 젊은 시절 술집에
서 외상으로 술을 자주 먹었고, 한나라의 재상이었던 소하도 외상으
로 넓은 땅을 샀다는 기록이 있다. 이는 대출과 마찬가지로 신용으로
물건을 거래할 수 있었다는 증거이다.

한나라에는 '자전가'라는 고리대금업자가 있었다. '자전'이란 돈을 빌려주고 받는 이자를 의미한다. 한나라의 6대 황제 경제는 제후들의 반란을 진압하기 위해 고리대금업자에게 큰돈을 빌리기도 했다.

때로는 국가가 직접 대금업을 하기도 했다. 당시 흉년이나 재난을 당한 백성을 구제하기 위해 돈이나 쌀을 나눠 주는 제도인 '진賑'과 구휼 자금을 빌려주는 '진대賑貸'가 있었다. 기원전 120년 산시 지역에 큰 홍수가 나서 수십만 명의 이재민이 생기자 한나라는 이들에게 식량과 옷, 농기구를 대출해 주었다.

남북조 시대의 고리대금

한나라 이후 중국은 다시 분열되어 4~6세기경에는 북방 민족이 세운 나라인 북조와 한족이 세운 나라인 남조가 대립했다. 이 시기에는 왕족, 귀족, 부호뿐 아니라 불교 사원도 대금업에 뛰어들었다. 권력을 가진 사람의 돈을 빌리고 이를 갚지 못하면 관청에서 나서서 빚진 사람을 찾아내고 돈을 받아 주었다. 빚을 갚지 못한 사람은 빚을 모두 갚을 때까지 강제로 노역하거나 심하면 노예로 팔려 가기도 했다.

고리대금을 '출채' 혹은 '출거'라 불렀는데 봄에 100전을 빌리면 가을 추수할 때 1,000전을 갚아야 할 정도로 이자가 높았다. 고리대금업자와 돈을 주고받을 때는 기준이 되는 줄에 동전을 꿰어 액수를 셌다. 고리대금업자는 돈을 빌려줄 때는 기준보다 30% 정도 짧은 줄을, 갚을 때는 기준보다 20% 정도 긴 줄을 사용했기 때문에 한번 돈을 빌리면 이자가 너무 많아져 감당할 수가 없었다. 그래서 사람들은 고리대금업자를 약자와 가난한 사람의 피를 빨아먹는 악마로 여겼다. 고리대금의 피해가 커지면 황제는 때때로 법을 통해 고리대금을 금지하기도 했지만, 그래도 고리대금은 금방 살아났다.

고대 우리나라의 화폐와 금융

고조선의 화폐

농업이 생산의 중심이었던 한국 고대 사회에서 곡식, 포목은 생활에 꼭 필요한 물건이면서, 화폐 역할을 했다. 동시에 금속으로 만든 화폐도 사용했다. 금속 화폐는 중국 북방과 활발히 교역하던 상류층 사이에서 주로 쓰였다.

우리나라에서 발굴된 한나라 화폐 오수전(국립중앙박물관)

고조선의 법률인 팔조법금 중에 '남의 물건을 훔친 자는 데려다 노비로 삼으며, 속죄하고자 하는 자는 1인당 50만 전을 내야 한다'라는 조항이 있으며, 유적지에서는 중국의 명도전, 반량전 등이 발견되었다. 이를 통해 고조선에서 금속 화폐가 활발하게 쓰였다는 것을 알 수 있다.

2세기 이후에는 한반도 남부 변한과 진한 지역에서 생산되는 철을 화폐로 사용했다. 한나라가 고조선을 멸망시키고 네 개의 행정구역 한사군을 설치하자 한나라와의 교역이 활발해졌다. 자연스럽게 한나라의 화폐인 오수전이 널리 사용되었다.

삼국 시대의 대금업

삼국 시대에도 금속 화폐를 쓰기는 했지만 주로 곡식과 포목을 화폐로 사용했다. 이 시기에도 곡물을 빌려주고 이자를 받는 대출업이 성행했다. 고구려, 백제, 신라 모두 흉년이나 재해를 당해 먹고살기 힘든 백성을 위해 봄에 곡물을 나눠주는 '진'이라는 제도가 있었다. 고구려는 194년(고국천왕 16년) 봄에 곡식을 백성에게 나눠 주었다가 가을 추수기에 돌려받는 '진대법'을 시행했다. 하지만 진과 진대법은 이자를 받지 않거나, 받더라도 작은 액수였기 때문에 이자를 벌기 위한 대금업이라기보다는 가난한 백성에게 곡식과 금품을 주는 구휼의 의미가 컸다.

하지만 권력자와 부유층은 백성에게 고리대를 놓아 이자를 벌었으며, 기간 내에 갚지 못하는 사람을 노비로 삼기도 했다. 신라의 경우 국가 차원에서 고리대로 빌린 원금 곡식과 이자를 탕감해주기도 했다. 이를 보면 고리대로 고통 받는 사람이 많았다고 짐작할 수 있다. 백제에는 '대식'이라는 제도가 있어서 하급 관리나 농민에게 곡식을 빌려주고 이자를 더해 돌려받았다. 대식의 이자는 매우 높아 33.3%에서 50%에 달했으며, 이 이자를 관청의 살림에 보탰으리라 짐작한다.

민간 금융 기관의 시조인 계

삼국 시대부터 한 마을의 주민들은 '계'를 만들어 돈이나 곡식을 얼마씩 거두어 두었다가 필요할 때 사용했다. 특히 자녀를 혼인시키거나, 제사를 지내거나, 사람이 죽어 장사를 지내는 일은 가난한 백성이 혼자 치르기 힘든 일이어서 계원들이 힘을 합쳤다.

조선시대 계모임 그림 「수갑계첩」, 같은 해(1758년) 태어난 동갑 22명으로 만들어진 계(국립중앙박물관)

또한 계원 중 한 명이 급히 돈이 필요하거나 도움이 필요하면 함께 모아둔 공동 재산에서 일부를 빌려주었으며, 빌려 간 사람은 이자와 함께 원금을 갚았다. 전문적인 금융 기관은 아니었지만, 계는 그 마을에서 돈을 모아 대출해 주고 이자를 받는 작은 은행의 역할을 했다. 계는 삼국 시대 이후에도 계속되어 고려와 조선 시대에도 성행했으며, 오늘날까지 이어지고 있다.

중세 이후
변화하는 은행업

중세 이슬람과 유럽의 기독교는 재물을 빌려주고 이자를 받는 행위를 죄악으로 여겼다. 그래서 이슬람에는 이자 역할을 하는 독특한 지급 방식이 있었으며, 중세 유럽에서는 모두가 손가락질하는 유대인이 몰래 돈을 빌려주고 이자를 받았다. 하지만 점차 상업이 발전하면서 돈을 빌려주고 받는 대금업자와 은행가의 지위가 올라가게 되었다.

동아시아에서는 국가가 백성을 구호하고자 곡식과 의복 같은 것을 빌려주었다. 또한 상업이 발전하면서 원활한 거래를 위한 각종 금융 기관이 발전했다. 민간에서 개인이 돈을 빌려주는 사채는 높은 이자 때문에 사회적으로 문제가 되었다.

종교에 기반한
중세 이슬람과 유럽의 금융

이슬람 샤리아에서 정한 규칙

예언자 무함마드(570?~632)는 이슬람교를 아라비아반도 전역에 퍼
트렸다. 이슬람교를 믿는 사람인 무슬림은 '샤리아'라는 법을 지켜야
했다. 다른 문화권의 법과는 다르게 샤리아는 인간이 만든 것이 아니
라 '신'으로부터 비롯된 것이었다. 그래서 무슬림은 이를 어기면 죽은
후에도 처벌받는다고 믿었다.

샤리아에 따르면 돈을 빌려주고 이자를 받는 것은 해서는 안 되는
일이었다. 단지 시간이 흘렀을 뿐인데 돈이 생기는 것은 부당하다고
본 것이다. 또한 미리 정해지지 않은 우연한 이익을 얻는 것도 금지했
다. 따라서 불확실성과 투기성이 있는 상품은 팔 수가 없었다.

이자를 받거나 주지 않는 이슬람 은행

은행에 돈을 맡기면 그 은행은 무조건 정해진 이자를 주어야 한다. 반대로 은행에서 돈을 빌려 사업을 하는 사람은 사업이 잘되든 못되든 은행에 이자를 내야 한다. 하지만 이자가 금지된 이슬람에서는 돈을 맡기는 사람과 은행, 그리고 돈을 빌리는 사람은 함께 사업에 투자하는 동업자였다. 그래서 은행과 예금주는 사업의 성과에 따라 이익을 나눠 받을 뿐 아니라 손해도 나눠 부담했다.

때로 은행은 투자자에게 돈을 받아 물건을 만드는 데 투자한 다음, 생산된 상품을 팔았다. 그리고 상품을 팔아 거둔 이익을 투자자에게 나눠 주었는데, 이것이 마치 이자와 같은 역할을 했다. 투자자는 돈을 투자한 증서인 '수쿠크'를 받았는데, 이는 이자가 없는 일종의 채권이었다.

중세 유럽의 신앙과 이자

예수의 활동 이후 1세기 무렵 기독교는 그리스와 로마로 퍼져나갔다. 로마 제국은 처음에는 기독교를 박해하고 기독교 신자를 처형했지만, 기독교 세력은 점점 커졌다. 결국 313년 로마 황제는 기독교를 정식 종교로 인정했고, 380년에는 로마 제국의 국교로 삼았다. 기독교는 서로마 제국이 멸망한 후에도 유럽에서 막강한 권위와 힘을 발휘했다.

기독교에서도 돈을 빌려주고 이자를 받는 일은 죄악이었다. 아무것도 없는 죽은 것에서 새로운 것(생명)을 창조하는 일은 신의 권능이었기 때문이다. 돈은 죽은 것이므로 돈이 돈을 낳는 이자는 신의 섭리에 어긋나는 것이었다. 게다가 돈을 빌려주고 아무것도 하지 않은 채 시간이 지나 이익을 거두는 것은 '시간 자체를 도둑질하는 죄'였다. 『성경』에서 "네가 형제에게 꾸어주거든 이자를 받지 말지니 곧 돈의 이자, 식물의 이자, 이자를 낼 만한 모든 것의 이자를 받지 말 것이라(신명기 23:19)"라고 밝혀 두었기에 교회는 대금업을 금지하고, 대금업자를 파문*했다. 또한 대금업자를 변호하면 이단으로 몰았다. 심지어 대금업자가 죽은 다음에 기독교식 장례를 금지하는 지역도 있었다.

유대인이 담당한 유럽의 대금업

중세 유럽을 지배한 기독교가 아무리 대금업을 금지해도 대금업자에게 돈을 빌리려는 사람은 많았다. 가난한 사람은 당장 먹고살기 힘들어서, 상인들은 교역을 위한 자금이 필요해서 대금업자를 찾았다. 심지어 왕이나 귀족, 교황과 주교도 돈을 빌려야 할 일이 있었다. 하지만 죄악이었던 대금업을 기독교인이 나서서 할 수 없었기에, 이 직

---

* 신도의 자격을 빼앗고 교회에서 내쫓는 일

업은 유대인의 몫이 되었다. 당시 예수를 구세주로 인정하지 않고 죽음에 이르게 한 유대인은 큰 죄인이었다. 여러 나라에 뿔뿔이 흩어져 박해받으며 살던 유대인은 모두가 꺼리는 대금업에 뛰어들었다.

유대인들에게도 대금업은 죄악이었다. 하지만 "타국인에게 네가 꾸어주면 이자를 받아도 되거니와 네 형제에게 꾸어주거든 이자를 받지 말라(신명기 23:20)"라는 성경의 구절을 들어 낯선 이, 특히 기독

『베니스의 상인』에 등장하는 유대인 고리대금업자의 상징 샤일록

『베니스의 상인』에 등장하는 유대인 대금업자 샤일록의 모습을 묘사한 삽화

영국의 극작가 윌리엄 셰익스피어(1564~1616)의 대표작 중 하나인 『베니스의 상인』에는 피도 눈물도 없는 악독한 대금업자 '샤일록'이 등장한다. 이 작품에서 교역 상인 안토니오는 돈을 갚지 못하면 가슴의 살 1파운드를 떼어내는 조건으로 샤일록에게서 돈을 빌린다. 배가 침몰하는 바람에 안토니오가 돈을 갚지 못하게 되자 샤일록은 안토니오의 가슴살을 베어내려고 했다. 하지만 재판관은 살은 떼어내되 피를 흘리지 말라는 판결을 해서 샤일록의 계략은 실패한다.

『베니스의 상인』은 당시 대중이 유대인 대금업자를 얼마나 혐오했는지를 잘 보여준다.

교인을 상대로 대금업을 했다. 유대인 대금업자들은 도시의 한곳에 모여 살며, 사치스러운 생활을 하는 왕이나 귀족에게 돈을 빌려주는 것은 물론 재산이 엄청나게 많았던 교회의 돈을 관리해 주는 '재정 고문' 역할도 했다. 하지만 유대인 대금업자는 사회적으로 천대받는 약자였고 자신을 보호해 줄 국가도 없었기 때문에, 권력자의 마음에 따라 재산을 빼앗기고 쫓겨나기도 했다. 그러다가 권력자들이 돈이 필요해지면 다시 유대인 대금업자를 불러들였다.

은행 역할을 한 성전기사단

1099년 성지 예루살렘을 되찾는다는 명분으로 유럽 여러 나라는 십자군을 결성해서 이슬람 세력을 몰아내고 예루살렘을 점령한다. 그 후 1119년 프랑스의 기사 위그 드 파앵은 성지를 찾아가는 순례자를 보호하기 위해 성전기사단을 만들었다. 예루살렘에 본부를 둔 성전기사단은 금방 세력이 커졌으며 많은 기사가 기사단에 가입했다.

성전기사단은 순례자를 보호하고 이슬람과 싸우는 일 말고도 돈을 송금하는 은행 역할을 했다. 예루살렘으로 여행을 떠나는 사람은 기사단을 이용해서 금품을 들고 먼 길을 가는 위험을 피할 수 있었다. 예를 들어 예루살렘으로 순례를 떠나는 프랑스 귀족은 파리에 있는 기사단 지부에 들러 자기 돈을 맡긴 다음 증명서를 받았다. 그 후 예루살렘에 도착해서 본부에 증명서를 내보이면 기사단은 순례자가 맡

화형 당하는 성전기사단원

긴 돈을 내주었다.

또한 유럽 전역의 기사단 지부는 왕과 귀족의 귀중품을 보관하는 금고 역할을 했다. 영국에서는 기사단이 왕을 대신해서 세금을 거뒀고, 왕은 기사단으로부터 전쟁에 필요한 자금을 빌렸다. 기사단에 목돈을 맡긴 다음 매년 일정 액수를 '연금'으로 받아 가는 귀족과 자기 땅을 기사단에 넘긴 다음 매년 임대료를 받는 지주도 있었다.

성전기사단은 자기 재산을 소유하지 않았고 각종 금융 서비스를 제공하는 대가로 이자나 수수료를 받지 않았다. 대신 이런 서비스를 받은 사람이 재산을 기부했기 때문에 기사단은 점점 더 부유해졌다. 그러나 1244년 예루살렘을 이슬람에 빼앗긴 후 기사단의 힘은 점점 약해지기 시작했다. 1307년 기사단이 소유한 막대한 재산을 탐낸 프랑스의 국왕 필립 4세는 성전기사단을 이단과 악마 숭배 집단으로 몰아 재산을 몰수했고 교황도 여기 동조했다. 이 결과 1312년 성전기사단은 해산되었고, 기사단장을 비롯한 기사단원은 화형당했다. 어마어마했던 성전기사단의 재산은 모두 사라졌으며 왕이 기사단에 졌던 빚도 없던 것이 되었다.

대금업과 환전상의 부활

십자군 전쟁은 유럽에 많은 변화를 가져왔다. 특히 이슬람 지역, 동양과의 교류가 활성화되고 상거래도 발달했다. 또한 이슬람이 보전해 왔던 고대 그리스, 로마의 지식이 다시 유럽에 전해져 훗날 르네상스의 토대가 되었다. 국제적인 교류가 늘어나고 상업이 활발해지자 유럽에는 다시 돈이 몰려들기 시작했으며 돈이 많아지자 돈을 활용한 사업, 즉 대금업도 자연스럽게 발전했다. 유럽의 가장 강력한 조직이었던 교회에도 많은 돈이 쌓였으며, 급기야 교회도 늘어난 재산을 이용해서 대금업에 뛰어들었다. 13세기 중반에는 주교가 교황청으로부터 허락받고 대금업을 하기도 했고 성당, 교회 병원, 수도원 등에서 대금업을 했다. 하지만 공식적으로 대금업을 인정한 것은 아니었다.

교역이 발달하면서 사라졌던 환전상도 다시 등장했다. 이들은 금의 순도를 재는 도구인 시금석, 저울, 자, 주판을 갖추고 시장 뒷골목에서 외국 화폐를 바꿔주고 수수료를 받았다. 포르투갈 상인이 베네치아에 와서 포르투갈 화폐로 이탈리아산 모직물을 살 수 있었던 것은 환전상 덕분이었다. 베네치아 상인은 포르투갈 화폐의 가치를 알지 못했지만, 각국

귀금속의 순도를 판정하는 데 쓰는 암석인 시금석, 금이나 은 조각을 표면에 문질러 나타난 빛깔로 순도를 알아낸다.
ⓒjcw

의 화폐를 측정하는 기준을 가진 환전상의 도움을 받아 거래할 수 있었다.

환전상이 돈을 바꿔주고 받는 수수료는 그리 많지 않았다. 그보다 환전상은 세계 각국 화폐의 가치를 알고 있었기에, 값이 내려간 화폐를 사들인 다음 값이 오르면 내다 파는 '환투기'로 많은 돈을 벌 수 있었다. 보통 사람은 환전상이 하는 일을 이해하기 힘들었기에, 환전상은 대금업자처럼 미움을 받지는 않았다.

환전상은 돈을 바꿔주는 것 말고도 고객의 돈을 보관하고, 담보를 잡고 돈을 빌려주는 일도 했다. 환전상은 대부분 개인적으로 영업 활동을 했지만, 일부는 사업의 규모를 불려 직원을 고용하고, 지역마다 상인이나 여행가가 방문하기 쉬운 곳에 '점포' 즉 '은행'을 열어 환전, 예금, 송금 등의 일을 했다. 은행을 뜻하는 영어 단어 '뱅크bank'는 환전상이 거리에서 업무를 볼 때 이용하던 의자와 탁자를 의미하는 '방코banco'에서 나왔다.

근대적인 은행업의 시작

은행과 은행가

십자군 전쟁 이후 이탈리아 북부 해안의 조그만 도시였던 베네치아는 동방 무역의 중심지로 성장했다. 베네치아의 중심지 리알토 거리는 외국 화폐를 바꿔주는 환전상과 돈을 관리해주는 은행가로 붐볐다.

이때의 은행가는 길드를 결성해서 자신의 권리를 보호했다. 길드원이 되려면 그 도시의 원주민이고, 2명 이상의 시민이 신원을 보증해주어야 했다. 또한 범죄로 구속된 적이 없으

14세기 은행가의 모습

이탈리아 제노바에 위치한 성 조지 궁전. 성 조지 은행은 성 조지 궁전 안에 있었다.

며, 자기 재산을 소유하거나 물려받을 수 있어야 하고 세금을 제대로 내는 사람이어야 했다. 길드에 들어온 사람은 5~7년 정도 수습사원으로 일하고, 직원으로 3년 이상 일한 후에야 정식 회원으로서 권리를 가졌다. 길드 회원은 시장 거리에서 유리한 자리를 고를 수 있었으며, 의자, 탁자 등에 길드 회원을 나타내는 표시를 하고, 감사를 대비한 장부를 반드시 갖추어야 했다.

13세기에 들어서 이탈리아 북부의 도시 제노바에는 대출을 위주로 하는 '성 조지 은행'이 탄생했으며, 피렌체에는 정교한 은행 체제가 발전했다.

도시를 좌지우지하는 은행가 가문의 등장

초기의 은행가는 주로 상인과 사업자에게 환전과 송금 서비스를 제공했다. 고객의 예금을 투자해서 돈을 불리기보다는 안전하게 보관하는 데 힘썼다. 이때 은행가는 대부분 상인이었는데, 은행업으로는 큰돈을 벌 수 없었고 원래 하던 장사에 약간 도움이 되는 정도였다. 하지만 바다를 건너 교역하는 것보다 왕이나 귀족의 돈을 관리해

주고, 대출 이자를 받고, 외국 화폐에 투자하는 것이 덜 위험하고 수익성이 좋아지기 시작했다. 그러자 은행가는 점점 은행 위주로 사업을 하기 시작했다.

얼마 지나지 않아 어마어마한 재산을 모은 은행가가 등장했다. 특히 당시 세계에서 가장 부유한 조직인 로마 교황청의 재산을 관리했던 이탈리아의 은행가는 돈뿐만 아니라 정치적 권력과 사회적 지위를 차지했다. 이들은 '교황의 상인'이라고도 불렸는데 자기 은행을 이용해서 외국과의 거래를 독점했고, 이탈리아 북부와 독일의 도시를 손아귀에 넣고 마음대로 휘둘렀다.

13~14세기 피렌체의 부유한 상인이자 은행가 가문인 바르디 가문과 페루치 가문은 세금을 걷어 피렌체의 재정을 관리했을 뿐 아니라 실질적으로 도시를 다스렸다. 그들은 유럽 전역에 70~80여 개의 은행을 뒀을 뿐 아니라 교황을 비롯하여 프랑스, 영국 등 당시 유럽 강대국의 왕실에 막대한 돈을 빌려주었다.

부자 가문도 피해갈 수 없었던 파산의 위험

도시는 낡은 성벽과 도로를 고치거나 새로 만들기 위해 돈이 필요했다. 교황이나 왕은 호화스러운 생활을 유지하고, 군대를 모아 다른 적들과 싸우기 위해 돈이 필요했다. 이들은 은행가에게 '앞으로 거둘 세금'을 담보로 막대한 돈을 빌렸다. 하지만 세금이 제대로 잘 걷히지 않거나, 전쟁에서 패하면 왕은 돈을 갚을 수 없었다.

도시를 다스릴 만큼 부유했던 바르디와 페루치 가문도 빌려준 돈을 돌려받지 못해 결국 망했다. 이들은 영국에서 지중해 지역으로 양털을 수출할 권리를 독점하는 대신 영국 왕 에드워드 3세에게 어마어마한 돈을 빌려주었다. 하지만 1348년 에드워드 3세는 무리한 전쟁을 벌이다가 결국 돈을 갚지 못했고, 두 가문은 함께 파산했다.

이런 일이 계속되자 은행가들은 돈을 빌리는 사람이 제대로 갚을 능력이 있는지를 평가했다. 왕이나 군주, 도시의 권력자들은 자신의 지위가 안정되어 있음을 보이고, 담보를 제공해야 돈을 빌릴 수 있었으며, 계약 조건에 따라 제때 빚을 갚아야 했다. 만일 계약 조건을 어기면 이후에는 대출해 주지 않았다.

메디치 가문과 재량예금

바르디와 페루치의 뒤를 이어 피렌체와 유럽의 은행업은 '메디치' 가문이 주름잡았다. 환전상으로 사업을 시작한 메디치 가문은 점점 부를 쌓아 5대에 걸쳐 피렌체를 지배했다. 또한 집안에서 네 명의 교황이 나왔으며, 딸들은 유럽 각지의 왕과 결혼해 왕비가 되었다. 특히 로렌조 데 메디치는 피렌체의 지배자이면서 동시에 고전 서적을 수집하고, 보티첼리와 미켈란젤로 같은 예술가를 후원해 이탈리아 르네상스를 주도한 사람으로 전 유럽에 이름을 떨쳤다.

메디치가에서 운영한 은행은 유럽에서 가장 부유한 은행으로 이탈리아뿐 아니라 전 유럽의 돈을 주물렀다. 메디치 은행은 '재량예금'을 적극적으로 이용했다. 비록 교회도 대금업을 하기는 했지만 공식적으로 이자를 주는 것은 죄악이었다. 그래서 은행은 큰돈을 맡긴 예금주에게 대놓고 이자를 주는 대신 감사의 표시로 알아서 '선물'을 했는데, 이를 형편에 따

오늘날 남아있는 메디치 은행 건물
(flicker, ⓒBrian Burk)

라 일을 처리한다는 의미로 재량예금이라고 했다. 메디치 은행은 교황이나 왕 등의 최고 권력자뿐 아니라 지역의 귀족과 유지들이 은밀히 맡긴 재량예금과 메디치가의 돈을 자본으로 사업을 유럽 전역으로 확장했다.

15세기 후반이 되면 메디치가는 귀족으로 신분이 상승했으며 1569년 코시모 데 메디치는 피렌체를 수도로 하는 토스카나 대공국*을 세우고 코시모 1세 대공으로 나라를 다스렸다.

---

* '대공'이 다스리는 나라를 '대공국'이라고 한다. 대공은 왕보다는 아래지만 공작보다는 위인 작위로, 작은 나라의 왕과 비슷한 위치이다.

느슨해지는 대금업 규제

대금업을 강력하게 비난하고 대
금업자를 파문하던 교회에서도 16
세기에 접어들면서 대금업과 이자
를 허용하자는 주장이 등장했다.
신학자들은 "채무자를 가혹하게 옥
죌 목적으로 하는 대출만 금지"되
어야 한다든지, "연 5%의 이자는
인간이 하나님에게 용서받을 수 있
다"라는 주장을 폈다. 1515년 마침

이자를 합법화한 교황 레오 10세

내 교황 레오 10세는 최대 5%까지 이자를 받는 것을 허용했다. 물론
이전까지 여러 가지 이름을 붙인 이자 거래가 활발히 이루어졌지만,

가난한 사람을 위한 은행

15세기부터 교회는 자선 사업의 일종으로 '가난한 사람을 위한 은행'을 운영했다.
이 기관은 가난한 사람들이 고리대금업자에게 빌린 돈을 갚지 못해 더 큰 빚을
지는 악순환을 막는 역할을 했다. 이 은행은 일반 은행과는 다르게 사람들이 기부
한 돈을 바탕으로 물건을 저당 잡고 돈을 빌려주는 일종의 전당포였다. 이 은행에
서는 돈을 빌려주고 약간의 이자를 받기는 했지만, 운영 경비를 보충하는 정도였
다. 레오 10세의 법령으로 이 은행도 이자를 받을 수 있게 되었다.

교회가 공식적으로 이자를 인정하게 된 것이다. 이자 수취를 합법화한 레오 10세는 다름 아닌 로렌조 데 메디치의 아들이었다.

종교 개혁과 이자의 변화

1517년 독일의 신학자 마르틴 루터가 교회의 면벌부* 판매를 비판하는 95조의 반박문을 발표하면서 유럽은 크게 변화했다. 기존 교회에 반대하고 새로운 모습으로 교회를 바꾸려는 커다란 움직임을 '종교 개혁'이라고 하고, 새롭게 만들어진 교회를 '개신교'라 한다. 로마 시대부터 이어진 기존 교회는 '가톨릭'이라고 부른다. 또한 새로 생긴 개신교회를 '신교', 이전의 가톨릭교회를 '구교'라 하기도 한다. 종교 개혁으로 이자에 관한 새로운 주장이 나오기 시작했다.

스위스에서 종교 개혁을 이끈 장 칼뱅은 "갚을 능력이 없는 가난한 사람들에게는 이자를 받으면 안 되지만, 그렇지 않으면 이자를 얼마든지 받을 수 있다"라고 주장했다.

가톨릭교회를 떠나 '성공회'를 만든 영국 왕 헨리 8세는 1545년 '고리대금 반대 법'을 만들어 이자를 최대 10%까지만 받을 수 있도록 했다. 이제 종교는 더 이상 이자를 받는 비율인 '금리'에 큰 영향을 끼치

---

* 기독교 교리에 따르면 죄를 지은 사람은 그에 합당한 벌을 받아야 천국에 갈 수 있다. 그런데 교회에서는 돈을 내고 면벌부를 사면 죄를 지어도 고통스러운 벌을 받지 않고 천국에 갈 수 있다고 선전하면서 독일 각 지역을 돌아다니며 증서를 팔았다.

지 못하게 되었다.

상업의 발전으로 중요해진 은행

로마 시대부터 동양에서 들여오는 육두구, 메이스, 정향, 후추 등의
향신료는 유럽에서 큰 인기를 끌었으며, 값도 매우 비쌌다. 유럽 여
러 나라들은 동양에서 향신료를 직접 사들이기 위해 지중해를 거치
지 않고 아프리카를 돌아 동양으로 가는 새로운 바닷길을 개척했다.
또한 아프리카 서쪽으로 계속 항해하면 인도에 도착할 것이라고 믿
었던 이탈리아 출신 선원이자 지도 제작자인 크리스토퍼 콜럼버스는
1492년 아메리카 대륙에 도착했다.

바닷길이 넓어지면서 이전까지 유럽 내 도시 간, 혹은 한 나라의 지
역 간에 일어나던 교역은 전 세계적인 규모로 확대되었다. 도시 간 교
역을 주로 하고, 길드 중심으로 자기 이익을 지키는 데 익숙했던 기존
의 상인은 국제 교역에 뛰어들지 않았다. 하지만 새롭게 등장한 용감
한 상인은 과감하게 먼바다를 건너 물건을 사고팔았으며, 아프리카,
아시아, 아메리카의 식민지 건설과 운영에 참여했다.

처음 사업을 시작할 때는 돈이 많이 들었다. 상인은 사업 비용을 마
련하기 위해 은행의 힘을 빌렸다. 비싼 이자를 내도 상업으로 돈을 벌
기회가 많았기 때문에, 상인들은 거리낌 없이 돈을 빌렸다. 상인은 은
행에서 빌린 다른 사람의 돈으로 부자가 되었고, 은행가는 이 상인들

에게 받은 이자로 사업을 키웠다.

중세 시대가 막을 내리며 길드 위주의 체제가 무너지고, 교회는 더이상 대금업의 도덕성을 문제 삼지 않게 되었다. 그러자 경제에서 은행의 중요성이 점점 커졌고, 은행가와 재정 전문가의 사회적, 경제적 위치도 올라갔다.

발전하는 중국 경제와 은행업

당나라의 융성

618년 중국을 다스린 당나라는 건국 초기 전쟁에 시달린 백성의 세금을 깎아주고, 소금을 팔 때 매기던 세금도 없앴다. 또한 국경 지역이 아닌 내륙의 관문을 없애 상인들이 여행할 때 세금을 내지 않도록 했다.

당나라는 서쪽으로는 중앙아시아에 진출해 서양에 비단과 도자기를 수출했고 바닷길을 통한 교역도 활발하게 했다. 당나라의 수도 장안(지금의 시안)은 인구가 100만 명에 달하는 세계에서 가장 번화한 도시였으며 성의 서쪽에 '서시', 동쪽에 '동시'라는 큰 시장이 있었다.

상인을 위한 송금 기관, 진주원

당나라는 국경 지방을 중심으로 10개의 번진을 두고 절도사를 보내 지방을 다스렸다. 번진은 수도인 장안에 '진주원'이라는 기관을 설치하고 중앙 정부와 연락하는 등 지역에 필요한 일을 처리했다. 진주원은 송금 기관의 역할도 했다. 지방 상인이 수도에 특산품을 가져다 팔고 돈을 받으면 이 돈을 진주원에 맡기고 대신 영수증인 '비전'을 받았다. 그 후 고향에 돌아간 상인은 자기 지역 관청에 비전을 내고 돈을 돌려받았다.

진주원과 비전을 이용하면 무거운 금속 화폐를 멀리 나르지 않아도 되기에 편하고 안전하게 거래할 수 있었다. 그뿐만 아니라 진주원은 상인이 돌아가 돈을 찾는 기간 동안 그 돈을 활용해서 다른 사업을 할 수 있었다. 비전이 인기를 끌면서 수수료는 점점 높아져 맡기는 총액의 10%에 달했다. 수수료가 너무 오르자 상인들이 더 이상 진주원과 비전을 찾지 않게 되었다. 그래서 당나라 현종은 진주원이 하는 일을 정부가 하는 사업으로 만들고 수수료를 없앴다. 하지만 당나라 말기 사회가 혼란해지면서 비전을 내도 지방 정부가 돈을 제대로 주지 않는 일이 많아지자 진주원의 신뢰도는 땅에 떨어졌다. 상인은 더는 진주원을 이용하지 않았다.

예금을 담당하는 궤방

금속 화폐는 무거워서 들고 다니기 힘들었다. 물건을 사기 위해 어쩔 수 없이 무거운 동전을 짊어지고 먼 고장에 도착한 상인은 숙소인 '객잔'에 돈과 상품을 맡겼다. 하지만 돈과 물건을 잃어버리거나 도둑이 훔쳐 가기도 해서 상인과 객잔 주인 사이에 다툼도 잦았다. 이 불편을 해결하기 위해 당나라는 예금을 담당하는 '궤방'이라는 기관을 만들었다. 궤방은 처음에는 은행의 안전 금고와 흡사했다. 궤방에서 궤짝을 내주면 상인은 자기 물건과 돈을 넣고 자물쇠를 채웠다. 그러다가 점차 돈을 맡기면 궤방 관리자가 보관증을 써 주는 식으로 바뀌었는데, 보관증은 다른 사람에게 넘길 수도 있었다. 궤방은 상인이 맡긴 돈을 관리하면서 자연스럽게 이 돈을 빌려주고 이자를 받는 일도 시작했다.

국가와 민간의 대출

당나라 이전 수나라 때부터 국가에서 운영하는 '공해전'이라는 강제 대출 제도가 있었다. 만일 어떤 백성이 세금을 내지 못하면 세금을 거두는 관리는 우선 공해전에서 돈을 가져다가 세금을 메꾼다. 공해전에서 나간 돈은 세금을 내지 못한 사람이 빌린 것으로 처리되어서 세금을 내지 못한 사람은 자동으로 빚을 진 사람이 되었다. 게다가 이자율이 한 달에 7~8%로 높았기에 원금과 이자를 제때 갚기 어려웠다. 빚을 갚지 못하면 감옥에 가두었고, 사망해도 가족이나 출신 마을 사람들이 빚을 나눠 갚아야 할 정도로 가혹했다.

당나라 정부에서는 부자나 불교 사원이 고리대금업을 하지 못하게

종이 인형으로 살펴본 대출과 이자

중국 신장위구르자치구 투르판시 동남쪽 약 40㎞ 지점에서 3~8세기 무렵 사람들의 오래된 무덤들(아스타나 고분군)이 발굴되었다. 여기서 나온 유물 중에는 종이로 만든 인형이 있었는데, 인형을 만든 종이는 당나라의 수도 창안에서 쓰던 폐지였다. 유물을 연구하던 학자는 인형을 만든 종이 속에서 전당포 거래 계약서를 찾았다. 이 중 하나에 아래 내용이 있었다.

"최기는 1월 19일 100전을 받았다. 6월 7일에는 원금 40전과 이자 9전을 갚고 맡긴 비단을 찾아갔다. 상환 완료일은 7월 18일이다."

이 문서를 보면 당시 이자율은 1년에 18% 정도였고, 1년에 15% 정도 이자를 받았다는 기록도 있다. 이처럼 당나라에서는 개인이 늘 사용하던 물건을 맡기고 돈을 빌려 갈 수 있었다.

아스타나 고분군

막았지만, 알게 모르게 고리대금업은 성행했다. 심지어 나라의 관리조차 고리대금업자에게 돈을 빌렸고, 빚을 진 관리는 돈을 갚기 위해 백성을 가혹하게 수탈하기도 했다.

보통 사람들이 즐겨 사용한 대출업체는 전당포였다. 이들은 전당포에 헌 옷가지, 신발, 모자 등을 맡기고 급히 돈을 빌렸다. 이 당시의 사람들은 대부분 글을 모르는 문맹이어서 계약서에 서명할 때는 이름을 쓰는 대신 종이에 손을 대고 손가락 길이를 기록해 두었다.

송나라의 지폐, 교자

당나라의 뒤를 이은 송나라에서는 발달한 경제를 바탕으로 시, 연극, 그림, 조각, 음악, 건축 등 각종 문화가 꽃을 피웠다. 또한 닥나무를 이용해서 튼튼한 종이를 만들고 색색으로 인쇄하는 기술도 발전했는데, 이 기술은 최초의 지폐가 탄생하는 밑거름이 되었다.

송나라 때 주로 사용한 화폐는 구리로 만든 동전이었다. 그런데 쓰촨 지역에는 구리 광산이 없어서 동전을 만들기가 어려웠다. 그래서 송나라 정부는 쓰촨 지역에서 구리 동전을 사용하지 못하게 했고 대신 철로 만든 동전을 쓰게 했다. 하지만 철로 만든 주화는 너무 무거운데다 가치도 구리 동전의 1/10에 지나지 않아 물건을 거래하기가 아주 불편했다. 게다가 993년에는 반란이 일어나 쓰촨의 중요 도시 청두의 조폐소가 반란군의 손에 넘어가자 동전이 부족해진 쓰촨 상인들은 종이로 화폐를 만들어 사용하기 시작했다.

세계 최초의 지폐로 알려진 송나라 교자

민간에서 만든 지폐는 종류도 여러 가지였고 사용하기도 복잡했다. 그러자 1005년 송나라 정부가 지폐 발행에 개입해서 청두의 상인 16명에게만 지폐를 발행할 수 있는 권리를 주었다.

상인들은 철전 꾸러미를 맡기고 받은 영수증인 '교자'를 지폐로 사용했다. 교자를 발행하는 16명의 상인은 서로 협력해서 다른 사람이 발행한 교자를 가져오더라도 돈을 내주었기 때문에 어디서나 금속 화폐로 교환할 수 있었다. 또한 튼튼한 종이 위에 색깔을 입혀 정교하게 인쇄하고 도장을 찍어서 위조를 방지했다.

1023년부터 '교자무'라는 관청을 세워 국가에서 직접 교자를 발행하기 시작하면서 교자는 쓰촨을 넘어 중국 전역에서 쓰이게 되었다. 하지만 북방 민족과 전쟁에 들어가는 비용을 충당하기 위해 교자를 마구 찍어낸 결과, 더 이상 금속 화폐로 교환해 주지 못하는 지경에 이르렀다. 그러자 교자의 가치는 폭락했고 12세기 초에는 더 이상 교자를 사용하지 않았다.

화폐로 쓰였던 소금 구매 영수증

송나라 때 소금은 국
가에서만 팔 수 있는
상품이었다. 소금을 거
래하는 상인들은 우선
관청에 소금값을 미리
치르고 영수증을 받았
다. 이 영수증을 소금
을 관리하는 곳에 가

송나라 수도 카이펑의 번화한 모습을 그린 「청명상하도(淸明
上河圖)」(고궁박물관)의 일부. 사진 중앙에 소금 가게가 있다.

지고 가면 낸 돈 만큼의 소금으로 바꿀 수 있었다. 이 영수증을 '염인',
혹은 '염초'라고 했다. 상인들은 염인을 교자보다도 더 신뢰해서 마치
지폐처럼 사용했다. 교자는 가치가 점점 떨어졌지만 소금은 항상 귀
중한 상품이었기 때문이다.

원나라의 재정과 화폐

송나라는 북방 유목민족에 의해 남쪽으로 밀려났다가 결국 몽골족
이 세운 원나라에 의해 망했다. 송나라 말까지 금이나 은을 공식 화폐
로 이용하지 않았다. 금이나 은과 같은 귀중품은 공을 세운 관리에게
주는 상, 다른 사람에게 주는 선물, 혹은 재산을 모아 두는 용도로 주
로 쓰였다.

원나라는 은으로 바꿀 수 있는 지폐인 '교초', 혹은 '보초'를 발행했고, '평준고'라는 관청을 만들어 지폐와 은의 교환 비율을 조절했다.

1287년 발행한 '지원통행보초'의 원판(왼쪽)과 인쇄본 (오른쪽)

원나라의 지폐도 처음에는 바꿔줄 은이 충분했지만, 황제는 필요할 때마다 마음대로 지폐를 찍어냈다. 지폐가 많아지면 은으로 바꿔줄 수 없게 되고, 그러면 가치가 폭락했다. 그때마다 황제는 다른 지폐를 만들고 이전의 지폐를 거둬들여 화폐의 가치를 유지하려 했다. 하지만 돈이 부족하면 또 지폐를 마구 찍어내었으며, 지폐의 가치가 떨어지고 물가가 올라 경제가 흔들리는 일이 계속 반복되었다.

지폐의 문제와 은

원나라를 몰아낸 명나라는 1375년 '대명보초'라는 지폐를 발행했다. 명나라 역시 지폐 발행을 남발해서 지폐 가치가 하락하는 운명에서 벗어날 수 없었다. 처음 나올 때 대명보초 1관*은 동전 1,000닢의

* 당나라 때부터 동전 1천 닢(문)의 무게를 1관으로 정했다.

가치로 쌀 한 섬을 살 수 있었다. 그러나 1407년 쌀 한 섬을 사려면 대명보초 30관이 필요했고, 1444년이 되면 100관으로 올랐으며 1500년대가 되면 실제로 쓰이지 않았다.

명나라는 1581년 세금과 화폐 제도를 크게 변경해서 여러 가지 잡다한 세금을 단순화하고, 세금은 '은'으로만 내게 하는 '일조편법'을 실시했다. 일조편법이 시행되면서 은이 유일한 화폐로 자리 잡았다. 명나라의 뒤를 이은 청나라에서도 은을 주요한 화폐로 사용했다. '금'행이나 '동'행이 아닌 '은'행이라는 이름이 붙은 것도 이 때문이다.

전장과 당포

은을 주요 화폐로 사용하면서 은 덩어리를 원하는 만큼 작게 잘라 주거나, 작은 은 조각을 녹여 붙여 크게 만들어주는 '전장'이 생겨났다. 처음에 전장은 은으로 돈을 만드는 일을 주로 했지만, 점차 은전을 동전이나 다른 화폐로 바꿔주는 환전상 역할도 시작했다. 18세기 말~19세기 초가 되면 대출 업무도 담당하는 중국식 은행으로 발전했다.

민간인에게 담보를 잡고 대출해 주는 '당포'라는 곳도 있었다. '전당', 또는 '당점'이라고도 불린 당포는 가난한 백성이 급히 생활비를 빌리는 곳은 아니었다. 어느 정도 재산이 있는 사람이 마차, 집, 보석 등을 담보로 맡기고 당포에서 지금 돈으로 수억 원대의 돈을 빌려 갔다. 가난한 사람은 '소압'에서 곡식을 담보로 작은 액수를 빌렸다.

전문 금융 기관 표호

19세기 초가 되면 상인들끼리 연락을 취해 돈을 주고받는 조직이 등장했다. 특히 산시 지방 출신 상인들은 중국 전역에 흩어져 장사하고 있었는데, 이들은 서로 협력해서 송금 업무를 편하게 했다. 예를 들어 북경에서 과일 장사를 하는 상인이 고향에 돈을 보내고 싶다면, 고향에 지점을 두고 있는 염료 상인을 찾아가 은을 맡겼다. 그러면 염료 상인은 은을 맡았다는 편지를 과일 장수의 고향 마을로 보냈고, 편지를 받은 가족은 그 마을 염료 가게를 찾아가 맡긴 만큼의 은을 찾았다. 이런 과정을 거쳐 은을 멀리 떨어진 곳으로 편하고 안전하게 보낼 수 있었다.

당시 '일승창'이라는 염료 상회의 지배인이었던 뇌이태는 1823년 전국의 일승창 지점을 활용해서 이 사업을 본격적으로 벌였다. 일승창 지점에 은을 맡기면 그 액수만큼 '표'를 발급해 주고, 이 표를 전국 어디든 일승창 지점에 가져가면 은을 돌려주었다. 표를 발급하고, 이 표를 근거로 현금을 지급하는 사업을 '표호'라 했고, 이후 금융 기구로 발전하였다. 이러한 표호에 은을 맡기고 표를 받으려면 수수료를 내야 했다.

표호는 대출도 했는데 이들의 고객은 일반 상인이나 보통 사람이 아니라 은행인 전장이었다. 상인과 백성에게 대출해 주는 전장은 필요한 자금을 표호로부터 빌렸고, 표호는 전장을 지점처럼 활용했다. 표호는 산시 지방 출신 상인들 사이에서 크게 번성했는데, 19세기 말에는 조선의 신의주, 인천과 일본의 오사카, 고베, 요코하마 등에도 지점을 낼 정도였다.

고려와 조선의 금융

보와 장생고

고려 시대에는 '보'라는 대출 기관이 있었다. 보는 공공사업을 위해 걷은 돈으로 대금업을 하고 그 이자로 사업을 하는 곳이었다. 지금으로 따지면 일종의 공공재단이었다.

대표적인 보 중에 963년 설치된 '제위보'가 있다. 제위보는 봄에 곡식이 떨어져 궁핍한 춘궁기에 길에서 무료로 음식을 나눠주거나 가난한 백성의 병을 치료해주었다. 하지만 고려 후기가 되면 공공사업보다는 고리대금을 목적으로 하는 곳으로 변해갔다.

'장생'이란 돈을 빌려주고, 이자를 받아 불린다는 뜻이다. 재물을 모아둔 '장생고'에는 '장생전(돈)'과 '장생포(옷감)'가 저장되어 있었다. 고려 시대에는 주로 불교 사원에서 장생고를 활용했다. 왕실과 귀족의 지지를 받아 막대한 재산을 모은 불교 사원은 이 재산을 빌려주고 이자를 받아 사원 유지, 불교 행사, 병자와 빈민 구제 사업에 썼다. 그러나 고려 중기 이후 장생고는 본래 목적에서 벗어나 고리대를 받아 재산을 불리는 일만 관심을 두었다. 고리대의 피해가 심해지면서 고려는 이를 금지하려고 했지만 성공하지 못했고, 왕실이나 귀족들도 장생고를 운영해서 돈을 벌었다.

조선 시대 환곡과 이자

농업을 사회의 뼈대로 삼은 조선에서는 농민이 자기 마을에 뿌리를 내리고 꾸준히 농산물을 생산하는 것이 가장 중요했다. 하지만 가뭄이나 전염병 같은 각종 재해로 농사를 망친 농민은 땅을 팔고 여기저기를 떠돌게 되었다.

농사짓는 백성이 줄어들면 나라의 세금 수입이 줄어들고, 굶주려 떠도는 백성이 많아지면 사회가 불안해졌다. 이 때문에 조선 정부는 어려운 농민을 돕기 위한 각종 지원 정책을 폈다. 곡식이나 돈을 그냥 나눠주기도 했지만, 나중에 돌려받는 조건으로 빌려주는 '환곡'도 있었다.

환곡은 자기 논이 있어 훗날 갚을 수 있는 농민에게만 빌려주는 곡식이었다. 논이 없는 농민은 만일 자기가 갚지 못할 경우 대신 빚을 책임질 '보증인'을 세워야만 곡식을 빌릴 수 있었다. 민간 고리대금업자에게 빌리면 보통 50% 의 이자가 붙었지만, 환곡 은 봄에 빌린 곡식만큼만 가을 추수기에 갚으면 되 었기에 사람들은 환곡을 받고 싶어 했다. 게다가 곡식 가격의 변화를 지켜

환곡에 대한 관문서, 불법으로 취한 환곡의 처리 방법 등에 관한 내용이 적혀있다.(국립민속박물관)

보다가 환곡을 비싸게 팔아 이익을 남길 수도 있어서 양반이나 부유 한 농민도 환곡을 탐냈다.

빌려줄 수 있는 곡식보다 빌리기를 원하는 사람이 많아지면서 보 통 농민이 환곡을 받기는 점점 어려워졌다. 환곡을 나눠주는 고을 수 령이나 관리와 친분이 있는 양반이나 부호가 환곡을 가져가기 일쑤 였다. 또한 처음 환곡을 줄 때는 이자를 받지 않았지만, 빌려주는 과 정에서 필요한 비용과 보관하고 운반할 때 자연스럽게 소모되는 곡 식을 보충하기 위해 약 10%의 이자를 받기 시작했다.

국가에서 구휼을 대비해 보관한 곡식은 늘 모자랐다. 곡식을 나눠 주는 과정 중간중간에서 빼돌리는 사람도 있었으며, 나르는 데 드는 비용도 늘어났고, 함부로 빌리고 갚지 못하는 사람도 있었다. 곡식이 부족해지자 조선은 개인이 저장한 곡식을 환곡으로 나눠준 다음 추 수 이후 본 주인에게 돌려주는 '관봉', 나라에 급히 돈이 필요할 때 곡

식을 바치고 관직을 얻는 '납속보관' 제도를 시행했다. 때로 부유한 농민이 가난한 농민에게 개인이 가진 곡식을 빌려주는 '사채'를 권장하기도 했다.

대금업자로 나섰던 왕실

개인이 돈이나 곡식을 빌려주고 이자로 이익을 거두는 사채는 이전부터 있었다. 조선에서는 고리대는 나쁘지만, 고리대가 아니라면 이자로 돈을 버는 것은 나쁘지 않다고 보았다. 그래서 정부 관리, 부유한 지방 양반이나 농민 등 여윳돈이나 남는 곡식이 있는 사람은 사채를 놓았다. 이자는 기본으로 월 10%였고, 봄에 빌려주었다가 가을 추수기에 갚는 경우 원금의 50%를 이자(장리)로 받았다. 하지만 어떤 경우에도 원금보다 이자가 많아지는 것은 금했다. 이를 '일본일리원칙'이라고 한다.

심지어 조선 왕실에서도 사채업을 했었다. 왕실에서 사용하는 쌀이나 옷감, 생활용품, 노비 등을 관리하는 관청이 '내수사'인데, 내수사는 궁중에서 쓸 돈을 확보하기 위해 일반 백성에게 곡식이나 돈을 빌려주고 이자를 받았다. 이러한 내수사에는 빌려준 돈을 받아내는 노비가 있었다. 이 노비는 채무자가 돈을 갚지 못하면 그 이웃이나 가족에게 받아냈다. 채무자의 재산을 억지로 팔아버리거나 장부를 조작해서 자기 주머니를 채우는 일도 있었다. 이들의 횡포에 백성들은 큰 고통을 받았다. 이런 문제 때문에 1472년 성종은 내수사를 없애려 했지만, 내수사가 벌어들이는 돈은 결국 왕실의 재산이었기 때문에 완전히 없애지는 못했다.

화폐의 유통

조선에서는 곡식과 면포*가 화폐로 사용되었는데, 1401년에는 '저화'라는 지폐를 만들어 유통했다. 조선 정부는 저화 한 장을 '오승포'**한 필로 정하고, 관리의 봉급 일부를 저화로 지급하는 등 지폐 사용을 늘리려 노력했다. 하지만 사람들은 실제 사용할 수 있는 면포를 좋아해서 1423년이 되면 저화는 사실상 쓰이지 않았다.

저화가 실패하자 1427년 동전인 '조선통보'를 발행했다. 조선 정부는 조선통보 사용을 늘리기 위해 세금을 조선통보로 거두고, 동전을 쓰지 않으면 처벌하는 등 여러 가지 방법을 썼지만 별다른 성과를

돈을 담는 궤, 상평통보가 전국적으로 쓰이기 시작하면서 동전을 보관하기 위한 만들어졌다.(국립중앙박물관)

* 목화에서 뽑아낸 무명실로 짠 천
** 기준이 되는 면포로 가로줄이 400가닥 이상이어야 했다.

거두지 못했다. 사람들이 동전을 사용하지 않자 가치가 점점 떨어져 나중에는 동전을 녹여 놋그릇 재료로 쓰는 일도 있었다. 농업 생산력이 늘어나고 상업이 활발해지는 17세기가 되어서야 조선에서 화폐가 널리 쓰이기 시작했다.

1633년 처음 만들었다가 쓰이지 않아 발행을 중단했던 '상평통보'를 1678년 다시 만들었고, 이 화폐는 전국에 본격적으로 유통되었다. 상평통보는 동전의 재료인 금속의 가치와 교환할 때 원래 기준으로 정한 가치인 액면 가치와 크게 차이가 나지 않아서 오래 유통될 수 있었다. 상평통보는 1문, 2문, 5문, 100문짜리가 있었고, 10문=1전, 10전=1냥, 10냥=1관으로 계산됐다.

1800년대에 들어 동전의 원료인 구리가 부족해졌다. 그래서 상평통보의 액면 가치는 유지하면서 1678년 10그램에서 1742년 8그램, 1752년 6.8그램, 1757년 4.8 그램으로 무게를 액면 가치보다 금속 가치를 낮췄다. 심지어 19세기 후반 흥선대원군이 국가 재정을 보충하

조선의 금속 화폐인 조선통보(왼쪽)(국립중앙박물관)와 상평통보(오른쪽)

기 위해 만든 100문짜리 '당백전'이 나오면서 가치가 크게 떨어진 상평통보는 화폐의 기능을 잃어갔다. 조선은 1894년까지 상평통보를 만들었다.

대금업의 변화와 고리대

16세기 이후 농업 기술과 상업이 발달하면서 큰 재산을 모은 사람이 나타났다. 이들은 농업이나 상업보다 더 쉽게 이익을 얻을 수 있는 사채에 적극적으로 참여했다.

사채의 이자는 형식적으로는 '장리'였지만 실제로는 훨씬 더 많은 이자를 받았다. 다달이 이자를 받는 경우 제때 갚지 못하면 매달 이자가 2배가 되는 '갑리'도 있었다. 봄과 가을의 곡식 값 차이를 이용해서 원금의 몇 배를 받아내기도 했다.

동전을 널리 사용하면서 사채업자는 더 큰 돈을 벌 수 있었다. 구리 부족으로 상평통보를 충분히 만들지 못하면서 동전이 액면 가치보다 훨씬 비싼 값으로 거래되었기 때문이다. 부유한 사채업자는 동전의 가치가 낮을 때 싸게 사서 보관해 두었다가 비쌀 때 높은 이자로 빌려주었다.

지방에서 큰소리치는 양반인 토호도 사채업에 뛰어들었다. 이들은 가난한 농민의 논과 밭을 저당 잡고 급한 돈을 빌려주었는데, 농민이 고리대를 갚지 못하면 땅을 빼앗았다. 지방 수령도 사채업을 했다. 당시 각 지방을 다스리는 수령은 '아록전'이라는 땅을 받고, 그 땅에서 나온 농산물을 봉급 대신 받아 갔다. 하지만 이 양이 충분하지 않았으며, 수령은 자기가 쓸 돈을 포함한 각종 비용을 마련하기 위해 관청에 보관된 곡식을 빼내 농민에게 빌려주고 높은 이자를 받았다. 지방 수령을 보좌하는 향리도 국가에서 받는 봉급이 따로 없었기에 다양한 방법으로 사채를 놓고 이자를 받았다.

환곡의 변화

환곡에 붙이는 이자 10%는 이익을 얻으려고 붙이는 것이 아니라 곡식을 옮기고 나누는 과정에서 자연스럽게 줄어드는 분량을 보충하기 위한 것이었다. 그리고 이 이자는 환곡을 직접 나눠주고 거두는 지방 관청에서 사용했다. 하지만 16세기 이후 중앙 정부에서도 환곡의 이자를 사용하기 시작했다. 나중에는 중앙 정부에서 환곡의 이자를 가져가는 바람에 지방 관청에서 쓸 비용이 줄었다. 그러자 지방 관청에서는 환곡으로 나눠 줄 밑천으로 보관해야 하는 곡식인 '원곡'을 꺼내 쓰기 시작했고, 19세기가 되면 원곡 대부분을 써버렸다.

원곡이 줄어들자 18세기부터는 곡식 대신 돈을 빌려주는 '전곡'이 등장했다. 원곡이 줄어든 지역에서는 지방 관청의 경비를 마련하고,

전곡을 사용한 지방 관청의 경비 조달 방법

지방 관청에서 전곡을 활용하는 방법의 대표적인 것은 '입본'이었다. 입본은 다음의 과정으로 이루어졌다.

① 보관된 환곡 500가마를 한 가마당 시가 5냥에 판다 → 2,500냥 수입
② 한 가마에 1냥으로 가격을 매겨 500냥을 전곡으로 백성에게 나눠 준다
   → 2,000냥 남음
③ 2,000냥은 지방 관청의 비용으로 사용하고, 500냥은 가을에 곡식 500석으로 거둬들인다.
1~3을 반복해서 원곡의 손실 없이 매년 2,000냥의 비용을 벌어들인다.

지방 관청은 500석을 빌려주고 후에 550석을 돌려받는 것보다 원곡의 손실 없이 매년 2,000냥을 버는 것이 유리했기에 입본은 널리 퍼졌다. 그러나 농민으로서는 쌀 1가마를 원래 가격인 5냥이 아닌 1냥에 파는 셈이었다.

없어진 원곡을 채워 넣기 위에 전곡을 이용했다. 관청은 마치 상인처럼 쌀을 거래하고, 사채업자처럼 이익을 취했으며 반대로 농민의 고통은 심해졌다.

은행원 노릇을 한 객주

18세기 이후 상업이 발달하면서 시장이나 강변 포구를 중심으로 새로운 상인인 '객주'가 등장했다. 객주는 중간 상인으로 다른 상인의 물건을 받아 두었다가 대신 팔아주거나, 상거래를 위해 오가는 상인에게 숙소를 제공하고, 물건을 보관하거나 날라 주는 역할을 하면서 수수료를 받았다.

객주는 금융 사업을 하는 사람은 아니었다. 하지만 맡겨 둔 상품을 팔았는데 그 돈을 주인이 당장 가져가지 않을 때는 이를 보관해 주고(예금), 물건이 팔리지 않아 자금이 부족한 상인에게는 돈을 빌려주었다(대출). 또한 언제까지 얼마를 갚겠다는 약속인 '어음'을 발행하고, 때로는 국가를 대신해서 세금을 거두었다. 서양의 은행처럼 돈을 보관

객주가 물건을 내어준다고 약속하며 주는 출자표, 물건을 인수받았다는 뜻으로 사선 4개를 표시했다.(국립민속박물관)

하고 보관증을 발급했고, 상인들은 이 증서로 거래해서 동전을 멀리까지 나르는 수고를 덜었다. 이처럼 객주는 19세기 말 근대적인 은행이 들어오기 전까지 중요한 금융 기관의 역할을 했다.

급한 돈 빌리기

지방마다 5일, 10일 등 일정 기간을 두고 시장이 열렸다. 급한 돈이 필요한 상인은 다음번 시장이 열리는 날에 갚는 조건으로 돈을 빌렸는데 이를 '시변'이라 했다. 이렇게 돈이 필요한 사람과 돈을 빌려주려는 사람을 연결해 주고 중간에서 수수료를 챙기는 사람인 '환전거간'이 있었다. 환전거간은 담보 없이 빠르게 돈을 빌려주는 시변을 중개하기도 했는데, 이때는 '낙변'이라는 독특한 이자 계산 방법을 사용했다. 시변은 담보 없이 돈을 빌릴 수 있지만 항상 매달 말일에 이자를 갚아야 했다. 그래서 월초에 돈을 빌리면 갚을 때까지의 기간이 길어서 이자율이 높았고, 월말에 가까이 갈수록 이자율이 내려갔다. 그래서 '떨어질 락落'자를 써서 낙변이라 불렀다. 예를 들어 1일에서 5일 사이에 빌리면 이자율이 1.25%, 6~10일 사이에 빌리면 1.0%, 11~15일 사이에 빌리면 0.75%로 떨어지는 식이었다. 시변은 주로 개성 상인이 이용했고 신용이 튼튼한 사람만 돈을 빌릴 수 있었다.

송금 방법, 외획과 차인

멀리 떨어진 지방으로 돈을 보내기 위해 19세기 말에는 '외획'이라는 제도를 사용했다. 외획은 지방 수령이 거둔 세금을 중앙 정부로 보내는 대신, 정부에서 지정한 사람에게 지급하도록 명령하는 것이다. 예를 들어 중앙 정부가 어떤 상인에게 급히 돈을 빌린 다음 영수증을 발행하면 이 상인은 그 영수증을 해당 지방 관청에 내고 빌려준 돈을 받아 갔다. 또한 지방으로 돈을 송금하려는 상인은 국가에 금액을 납부하고 영수증을 받은 다음 그 지방 관청에서 돈을 찾아갔다.

지방에서 서울로 돈을 송금하는 방법도 있었다. 지방 수령이 세금을 중앙 정부에 보내기로 약속하고 상인에게 빌려주면, 그 상인은 이 돈으로 특산품을 사들여서 서울로 올라가 팔았다. 상인은 판 돈에서 약속한 세금을 정부에 내고 남은 돈은 가져감으로 이익을 남겼는데 이런 사람을 '세납차인'이라 한다.

금융의 중심으로
떠오르는 은행

중세가 지나고 상업 활동이 활발해지면서 돈을 보관하고, 빌려주고, 바꿔주는 일을 전문으로 하는 은행과 은행가가 떳떳하게 활동했다. 왕이나 교회도 은행으로부터 돈을 빌렸고, 은행가가 없으면 한 나라의 살림을 제대로 꾸리지 못했다. 산업화가 진행되면서 사업에 필요한 돈의 규모가 커졌고 은행의 역할은 더욱 중요해졌다.

동아시아에서는 서양 열강의 침입을 계기로 서양식 은행을 도입하고 근대적인 은행을 만들어 나갔다. 우리나라의 경우 일제가 은행을 식민지 지배를 위한 도구로 활용하기도 하였다.

근대 이후
서양 은행의 발전

은행의 본격적인 발전

처음 은행이 생겼을 때는 재산을 안전하게 지키는 것이 주된 목적이었다. 그래서 돈을 맡긴 사람에게 이자를 주지 않았고 오히려 보관료를 받았다. 그러다가 점차 상업이 활발해지고, 자본을 투자해서 큰돈을 벌 수 있게 되자 은행은 예금을 사업에 투자해서 번 돈으로 예금을 맡긴 사람에게 이자를 지급했다. 그러자 예금주도 은행을 믿고 돈을 맡겨두었다. 은행가는 자신이 하고 있는 상업이나 공업 등 다른 사업에 필요한 자금을 조달하기 위해 은행업을 했었다. 하지만 은행의 규모와 수익이 커지자 은행업에만 전념했다. 은행가는 더 이상 남의 돈을 수동적으로 관리하는 사람이 아니었다.

권력의 중심이 된 은행가

중세 봉건제가 무너진 후 16~18세기 유럽에서 탄생한 절대 왕정 국가는 은행의 가장 큰 고객이었다. 절대 왕정 국가에서는 왕이 막강한 권력을 가지고 있었다. 그래서 왕은 호화로운 궁전을 짓고 사치스럽게 생활했다. 왕은 돈을 펑펑 쓰기만 하고 나라 살림을 신하에게 맡겨 두었는데, 신하들은 국가보다는 자기 이익을 먼저 챙기는 경우가 많았다.

특히 세금을 거두는 방법에 문제가 많았다. 귀족과 부유층은 아예 세금을 면제하고 가난한 평민들만 대상으로 세금을 거두었기 때문에 국가의 수입이 늘 부족했다. 결국 국가는 나라 살림을 꾸리기 위해서, 또는 외국과 전쟁하기 위해서 은행으로부터 막대한 자금을 빌려야 했다. 부유한 국가도 은행가와 재정 전문가의 힘이 필요했다. 당시 왕실은 돈이 많아도 이 돈을 어떻게 관리하고 투자해야 할지 모른 채 그냥 쌓아두기만 했기 때문이다.

스페인은 신대륙으로부터 막대한 금과 은을 가져와 유럽에서 가장 부유한 나라가 되었지만, 스페인 왕실은 이 재산을 산업에 투자해서 더 크게 경제를 발전시키는 '자본'이라기보다는 쓰면 없어지는 '수입'으로만 여겼다. 또한 종교 개혁의 과정에서 가톨릭교회의 막대한 재산을 압수한 국가들도 그 돈을 경제 발전에 투자하지 않고 그냥 금고에 보관해 두었다.

국가의 재산을 관리하고, 투자해서 불리기 위해서 국가는 은행과 은행가가 필요했다. 국가가 은행에 기대는 만큼 은행가의 권력은 강해지고 사회적 지위는 높아졌다. 시장 뒷골목에 탁자를 차려 두고 교회의 눈을 피해 영업하던 환전상과 대금업자는 이제 번듯한 은행가의 모습으로 권력의 중심에 화려하게 등장했다.

하지만 절대 왕정 시기의 은행가도 르네상스 시대 이탈리아 은행가들과 같은 위험에 놓여 있었다. 여전히 돈을 떼어먹고 갚지 않는 국가가 있었으며, 많은 돈을 빌려준 나라가 전쟁에서 패배하면 은행은 빌린 돈을 받지 못해 휘청거렸다. 왕관을 저당 잡혀 대출을 갚았던 왕이나 기독교 성인의 유물을 팔아 대출을 갚은 왕도 있었지만 왕실이나 국가에 빌려준 돈을 제대로 받는 것은 대체로 쉽지 않았다.

공공은행과 은행권

오랫동안 장거리 교역은 불편함은 물론 위험한 일이었다. 길도 엉망인데다가 치안도 나빠 상인의 물건을 노리는 산적이 들끓었고, 먼 바닷길에서 풍랑을 만나 배가 침몰하거나 해적을 만나 상인들이 목숨을 잃기도 했다.

상품을 나르는 것뿐 아니라 상품을 거래하기 위한 화폐를 가져가는 것도 큰일이었다. 금속 화폐는 무겁고 부피도 컸으며, 강도를 막기 위해 따로 호위병을 고용하거나 군대를 통해 수송해야 해서 비용

베네치아 리알토 광장에 있는 공공은행을 그린 「The Banco del Giro on Rialto Square」(Gabriele Bella) 1587년에 세워진 베네치아 공공은행은 재정의 어려움으로 이 은행에 합병되었다.

도 많이 들었다. 또한 금속 화폐로 거래할 때는 일일이 화폐의 순도와 무게를 달아 가치를 확인해야 했다.

이런 불편을 해소하기 위해 '지로*'라는 방식을 도입했다. 지로는 같은 은행에 예금 계좌를 가지고 있는 사람끼리 돈을 주고받을 때 실제 화폐 없이 은행 장부의 금액만 고치는 거래 방법이다. 하지만 거래하는 사람과 함께 은행을 찾아가야 했기 여전히 불편했다.

국제 교역의 중심지로 많은 상거래가 일어나던 베네치아에서는 1587년 최초로 정부에서 설립을 허가한 '공공은행'이 탄생했다. 이 은행은 대출은 하지 않고 상인들에게 금을 예금으로 받고, 그 액수 내에서 지급을 보장하는 '은행권'을 발급해 주었다. 상인들은 이 은행권을 이용해 거래 대금을 주고받았다.

새롭게 교역의 중심지로 떠오른 네덜란드의 중심 도시 암스테르담

---

* 지금도 공공요금을 낼 때 지로를 사용하는데, 보통 한 계좌에서 다른 계좌로 돈을 옮기는 이체보다 수수료가 싸다.

에도 1609년에는 대출 업무는 하지 않고 예금을 받아 은행권을 발급해 주는 '암스테르담 은행'이 등장했다. 상인들은 거래할 때 여러 종

디베이스먼트와 악화

매번 화폐의 무게를 달아 가치를 측정하는 일을 왜 해야 했을까? 그것은 돈의 가치를 낮추는 '디베이스먼트' 때문이었다. 어떤 사람들은 금이나 은으로 된 주화의 가장자리를 긁어내거나(클리핑), 가죽 부대에 주화를 넣고 서로 비벼대(스웨팅) 부스러기를 만들어 팔았다. 그래서 같은 금화라고 해서 모두 무게가 같지 않았고, 당연히 가치가 달랐다. 이 때문에 거래할 때마다 화폐의 가치를 측정해서 값을 정해야만 했다.

클리핑을 막기 위해 금화나 은화를 만들 때 가장자리에 가는 빗금을 촘촘히 새겼다. 빗금이 뭉개져 있는지를 보고 클리핑 여부를 알 수 있기 때문이다. 스웨팅을 막기 위해서는 거래가 끝나면 금화를 주머니에 넣고 봉한 다음 주머니째 주고받았다. 중세 유럽을 배경으로 하는 영화에서 돈을 지불할 때 주머니째 건네는 모습이 자주 등장하는 이유이다.

국가는 디베이스먼트를 엄격히 단속했고, 디베이스먼트를 하다가 발각되면 사형에 처했다. 하지만 디베이스먼트의 주역은 왕이었다. 나라의 금고가 비어 금이나 은이 부족하면 왕은 화폐를 만들 때 들어가는 금이나 은의 양을 줄였다. 이런 화폐는 모양이 온전하더라도 가치는 훨씬 떨어졌는데, 제대로 귀금속이 들어간 돈을 '양화', 귀금속 양을 속여 적게 넣은 돈을 '악화'라고 한다. 악화와 양화가 동시에 존재하면 사람들은 양화는 따로 보관해 두고 악화를 사용했기 때문에 결국 시장에는 악화만 남게 된다. 이 현상을 표현하는 말이 '악화가 양화를 구축한다'이다.

류의 금속 화폐를 가지고 다니면서 무게를 달고, 순도를 재는 대신 은행이 발급한 은행권을 화폐로, 즉 지폐로 사용했다.

영국의 골드스미스 영수증

17세기 영국에서도 지폐가 모습을 드러냈다. 당시 영국 런던탑에는 주화를 만드는 '왕실 주조소'가 있었다. 이곳은 영국에서 가장 안전한 장소였기 때문에 상인들은 자기가 가진 금이나 은을 이곳에 맡겨 두었다. 그런데 영국 왕 찰스 1세는 급히 돈을 구하기 위해 왕실 주조소에 보관된 금을 마음대로 가져갔다. 물론 왕은 나중에 갚겠다고 했지만, 불안했던 상인들은 자기 재산을 찾아 '금 세공업자 Goldsmith'에게 맡겼다.

금 세공업자는 민간인이기는 했지만, 귀금속을 보관하기 위한 튼튼한 금고를 가지고 있었다. 이들은 귀금속을 보관해 주는 대신 보관료를 받았으며 맡긴 귀금속의 양과 순도를 기록한 '영수증'을 발급해 주었다. 누구든 영수증을 가지고 가면 금 세공업자가 영수증

금 세공업자 필립 로커의 영수증. 처음에는 단순한 종이에 인쇄했지만 점점 화려한 그림이 들어가게 되었다.

에 표시한 만큼의 귀금속을 내어 주
었기 때문에 이를 화폐처럼 사용할
수 있었다. 다른 은행들도 금을 보관
해 두고 원할 때 금으로 바꿀 수 있는
은행권을 발급해 주기 시작하면서,
금속 화폐 대신 종이로 만든 금 교환
증서인 '지폐'를 두루 사용했다.

17세기 중반 금 세공업자 작업장

이익을 목적으로 하는 민간 은행의 탄생

처음에 공공은행은 가지고 있는 돈만큼의 은행권을 발행하는 일만
하고, 돈을 빌려주고 이자를 받는 일은 하지 않았다. 하지만 점점 공
공은행도 안전하게 돈을 돌려받을 수 있는 정부나 지방 정부를 대상
으로 대출을 시작했다. 때로 공공은행이 왕족이나 상인에게 몰래 돈
을 빌려주기도 했는데, 암스테르담 은행은 네덜란드 동인도 회사에
몰래 돈을 대출해 주었다가 동인도 회사가 망하는 바람에 같이 무너
질 위기를 겪기도 했다.

개인이 세운 몇몇 은행은 정부에게 빌려준 대출금을 잘 돌려받을
수 있는 방법을 생각해냈다. 이들은 빌려준 원금과 이자로 돈 대신
'일정 지역에서 세금을 거둘 권리', '은행권을 발행할 권리', '상업 허
가의 독점 권리', '토지 사용 권리' 등을 가져갔고, 이 권리를 활용해서

이자보다 더 많은 이익을 거두었다. 이러자 개인 사업가, 상인들은 주로 대출과 투자로 이익을 얻는 은행을 본격적으로 만들었다. 이러한 사설 은행은 위험하고 새로운 사업에도 과감하게 투자했다. 처음에는 다른 사업으로 번 돈의 일부만 은행에 투자하던 상인 중에서 높은 수익을 노리고 공격적인 투자를 전문으로 하는 은행가로 변신하는 사람도 나왔다.

중앙은행의 탄생

나라마다 화폐 발행을 책임지고 다른 은행이 가지고 있어야 하는 돈의 양과 이자율을 결정해서 그 나라 안에서 유통되는 화폐의 양을 조절하는 은행이 있다. 바로 '중앙은행'이다. 1668년 스웨덴은 화폐를 발행하고 대출해 주는 '릭스방크'를 설립했는데, 이 은행을 최초의 중앙은행으로 본다.

17세기 말 영국은 프랑스와의 전쟁을 위해 강력한 해군을 육성하려고 했지만, 돈이 부족했다. 이 부족한 자금을 조달하기 위해 영국 정부는 중앙은행인 '잉글랜드 은행(영란은행)'을 만들었다. 잉글랜드 은행은 앞으로 거둘 세금을 담보로 잡고 정부에 돈을 빌려준 뒤 매년 정해진 이자를 받았다. 또한 런던 시내에서는 잉글랜드 은행이 발행한 은행권만 쓸 수 있도록 하는 특혜를 주었다. 잉글랜드 은행은 처음에는 정부에게만 대출해 주었지만, 개인에게도 대출해 주기 시작했다. 초기에는 한번에 큰 액수를 대출하고, 고액의 은행권을 발행했지만, 점점 작은 액수의 대출도 해 주면서 소액의 은행권도 발행했다. 보통 사람들도 이런 소액의 은행권을 지폐로 사용했다.

잉글랜드 은행 본점

지급 준비금으로 늘어난 은행 자산

은행권을 발행하는 은행은 발행 액수만큼의 금을 보관하고 있었다. 그래서 언제라도 은행권을 가지고 오는 고객에게 금을 내 줄 수 있었다. 하지만 시간이 지나면서 모든 사람이 동시에 맡긴 금을 찾으러 오지 않는다는 사실을 발견한 은행은 보유한 금보다 많은 액수의 은행권을 발행하기 시작했다. 그렇지만 혹시라도 찾으러 오는 사람을 대비해서 전체 은행권의 일정한 비율만큼 금을 금고에 보관해 두었는데, 이를 '지급 준비금'이라 한다.

예를 들어 은행권의 10%를 지급 준비금으로 보관해 두어야 한다면, 은행권 100만 원을 찍어낼 때 금고에는 10만 원어치의 금이 있어야 한다는 뜻이다. 반대로 보면 은행은 예금으로 10만 원의 금만 받아도 그 가치의 10배인 100만 원 상당의 은행권을 발행할 수 있다.

1931년 미국 대공황 당시 은행에서 돈을 찾아가기 위해 사람들이 줄 서있는 모습

가진 것보다 더 많은 돈을 발행할 수 있게 되면서 은행의 자산은 늘어나기 시작했다. 그러자 여기저기에서 우후죽순처럼 은행이 생겨나 은행권을 발행했다. 은행권이 남발되어 혼란스러워질 것을 우려한 정부는 은행권 발행을 조절하고 통제하기 위한 제도와 기준을 만들었다. 만약에 사람들이 '은행이 금을 바꿔주지 못할 것 같다'라고 생각해서 한꺼번에 은행으로 몰려가 금을 달라고 하면*, 은행권은 쓸모없는 종잇조각이 되고 은행은 망할 수밖에 없었다.

권위를 획득한 중앙은행

18세기에는 금융 사고로 많은 문제가 발생했다. 영국의 경우 1793년 한해만 해도 100여 개의 작은 은행이 더 이상 은행권을 교환해 주지 못하는 '지불 정지' 상태에 빠졌고, 문을 닫는 은행도 수두룩했다. 이

---

* 이를 영어로 'run on the bank' 줄여서 '뱅크런'이라고 한다. 요즘도 국가 경제가 위기에 빠지면 예금을 현금으로 찾아가기 위해 은행으로 사람들이 몰려간다. 이전에는 지폐를 금으로 바꿨지만, 요즘은 예금 계좌의 숫자를 지폐로 바꾼다는 점만 다르다.

에 국내 은행을 통제하는 중앙은행의 역할은 더욱 중요해졌다.

1793년 영국의 은행은 잉글랜드 은행의 감독 아래 국가 표준 은행권을 발행했다. 이 은행권은 국가에서 지급을 보장하기 때문에 개인이 은행에 금으로 바꿔 달라고 요구할 필요가 없었다. 또한 잉글랜드 은행은 다른 은행이 파산 위기에 몰리면 자금을 지원(구제금융)해서 위기를 넘기도록 도와 경제 안정에 이바지했다. 이처럼 전체 금융 시장에 자금이 부족할 때, 최종적으로 자금을 공급해서 고비를 넘기게 하는 중앙은행을 '최종 대부자'라고도 부른다.

중앙은행의 영향력과 권위가 높아지자 유럽의 다른 나라도 영국을 따라 중앙은행을 만들었다. 중앙은행은 은행에 관한 대중의 신뢰를 다시 정립했으며, 산업 혁명 시기에 안정적인 투자를 할 수 있는 금융 시스템을 만들었다.

유럽을 좌지우지한 로스차일드 은행

중앙은행의 영향력과 권위가 커졌지만, 여전히 거대한 힘을 가진 개인 은행도 있었다. 특히 로스차일드 가문에서 운영하는 은행은 유럽의 정치와 경제는 물론 국제 외교에도 영향력을 끼쳤다. 영국의 총리를 지낸 정치가 벤저민 디즈레일리가 "세계의 평화는 정치가가 아닌 자본가에 의해 결정된다"라고 할 정도였다.

독일 태생 유대인 마이어 암셀 로스차일드는 1760년대 독일 프랑

로스차일드가의 영국 저택. 로스차일드 가문은 이 저택을 정부에 기증했다.

크푸르트에 처음 자리를 잡아 은행업을 시작했고, 1780년대에는 유럽에서 손꼽히는 부자가 되었다. 마이어는 은행업을 확장하기 위해 아들들을 빈, 런던, 나폴리, 파리 등 유럽의 경제 중심지에 보내 지점을 열었다. 로스차일드 가문의 은행은 유럽 전역의 지점을 통해 중요한 정보를 빠르게 수집하고, 이를 활용해서 막대한 재산을 모았다. 19세기 유럽에서 가장 부유했던 로스차일드 가문은 오늘날에도 막강한 힘을 가지고 있다.

산업화와 은행의 전문화

복잡해진 은행업

큰 공장에서 대량으로 물건을 생산하는 산업 혁명을 맞아 은행은 다시 한번 성장했다. 공산품을 대량 생산하려면 큰 공장에 많은 기계 장비를 들여놓아야 했고, 이를 위해서는 많은 돈이 필요했기 때문이다. 은행은 사업가에게 돈을 빌려주거나 투자해서 산업 발전에 결정적인 공헌을 했다.

이 시기를 거치며 은행 업무는 예전보다 더 세분되고 전문화되었다. 은행 창구에서 고객을 만나 예금 계좌를 만들어주고, 입·출금 업무를 하는 '은행원', 좋은 투자처를 찾는 '투자 전문가', 대출을 원하는 사람을 만나 돈을 빌려줄 만한지 심사하고 대출 여부를 결정하는 '대출 책임자', 경제와 시장의 변화를 연구하는 '시장분석가', 재산이나 토지의 가치를 평가하는 '감정평가사', 들어오고 나가는 돈을 장부에 기록하고 관리하는 '회계사' 등 다양한 전문가들이 은행원으로 일했다. 은행원의 전문성이 중요해지면서, 은행은 엄격한 기준을 세워 직원을 선발하고, 은행 자체의 전문 교육을 통해서 직원의 역량을 높였다. 20세기가 되면서 기본적으로 대학 졸업 이상의 교육 수준을 갖춰야 은행원이 될 수 있었다.

다양해지면서 규모가 커진 은행

19세기에 들어서면서 특별한 목적을 가진 은행이 생겼다. 새로 생긴 기업과 산업에 자금을 투자하는 것을 주된 목적으로 하는 은행, 정부가 발행하는 국채나 공채를 전문적으로 사들이고 되파는 은행, 정부가 도로, 항만, 다리, 통신설비, 공공주택 건설 등 사업을 할 때 대출

대출과 투자의 차이

사업을 시작하는 사람은 은행으로부터 필요한 자금을 대출받는다. 대출을 받으면 약속했던 기간 동안 정한 이자를 내고, 기간이 지나면 대출받은 원금을 갚아야 한다. 투자는 보통 사업체에서 발행한 '주식'을 사서 자금을 공급하는 것이다. 사업이 성공해서 주식의 가격이 오르거나 사업 이익을 나눠 받으면 투자한 은행이나 개인은 돈을 벌지만, 사업이 망하면 아무것도 남지 않는다.

해 주는 은행 등이 나타난 것이다.

이전까지 은행의 주된 이용자는 왕이나 귀족과 같은 권력자, 상인이나 사업가 등 재산이 많은 부유층이었다. 하지만 산업이 발전하면서 공장에서 일하고 임금을 받는 노동자가 늘어났고, 이들이 번 돈을 예금으로 받고 이들에게 필요한 작은 액수의 돈을 대출해 주는 '상업은행'도 규모가 커졌다. 상업은행은 이후에도 계속 발전해 오늘날 우리에게 친숙한 은행은 대부분 상업은행이다.

은행의 규모 또한 점점 커졌다. 지방의 작은 은행은 큰 은행 밑으로 들어가 '지점'이 되는 방식으로 합쳐져 자본의 규모를 키우고 안정적으로 활동할 수 있었다. 1887년 366개가 있던 영국의 은행은 1913년 133개로 줄었다. 대신 은행의 지점은 2,500여 개에서 6,000여 개로 늘었으며, 1918년에는 5개의 거대 은행이 8,000여 개의 지점을 운영했다.

다른 유럽의 은행도 영국의 은행과 비슷하게 발전했다. 20세기 초 독일의 5대 은행과 그 지점이 전체 은행의 90%를 차지했고, 프랑스도 4개의 은행이 금융을 좌우했다. 오늘날에도 나라마다 몇 개의 대형 은행이 은행업을 주도한다.

뒤처진 미국 은행

미국의 은행업은 유럽에 한 발짝 뒤졌다. 영국 식민지 시절 북아메

1930년대 미국의 12개 연방준비은행

리카에 골드스미스 은행의 지점 몇 개가 있었을 뿐이었다. 영국이 식민지에서 금융업이 발전하는 것을 막았기 때문이다. 1751년 영국이 식민지에서의 은행권 발행을 금지했고 1791년이 되어서도 5개 은행만이 있었다.

독립한 후에도 전문적 지식이나 경험을 가진 사람이 없었던 미국은 남북 전쟁 당시 함부로 지폐를 발행해 은행 시스템이 엉망이 되었다. 남북 전쟁이 끝난 후 비로소 은행업에 관한 전문적인 교육이 시작되었으며, 중앙은행이 아닌 연방 정부에서 직접 지폐를 발행했다.

미국은 1907년 경제 위기 이후 1913년이 되어서야 '연방준비제도'라는 중앙은행을 만들었고, 1929년 대공황을 겪으면서 제대로 된 은행 제도를 만들기 시작했다. 미국의 중앙은행 연방준비제도는 다른 나라의 중앙은행과는 달리 민간 은행인 '연방준비은행' 12개가 모인 단체이다. 연방준비은행은 미국의 통화인 '달러'를 발행하고, 은행 이자의 기본 수준(기준 금리)을 정하고, 지급 준비금 비율을 결정해서 통화량을 조절한다.

미국의 은행가 존 피어폰트 모건은 20세기 초 미국 중앙은행을 대신한 '최종 대출자'였다. 부유한 상인의 아들로 태어난 모건은 남북 전쟁 당시 무기 거래로 큰 돈을 벌었으며, 로스차일드 가문과 손을 잡고 철도 사업에 뛰어들어 세계적인 부호이자 은행가로 떠올랐다.

1907년 미국 뉴욕의 주식 시장에서 몇몇 은행이 돈을 빼돌려 특정 회사의 주식을 사들여 값을 올리려 하다가 실패했다. 그 소문을 들은 은행의 고객들이 예금을 찾으려 몰려들자 은행은 망할 위기에 처했다. 은행이 문을 닫는다는 소식이 전해지자 전체 주식 시장이 얼어붙어 다른 회사의 주식 가격도 폭락했고 주식 시장 자체가 무너질 위기에 처했다. 이때 J. P 모건은 뉴욕의 은행장을 모아 2700억 달러의 돈을 거두고, 이 돈으로 주식을 사들여 시장을 안정시켰다. 또한 뉴욕시가 지고 있는 빚을 떠안고, 예금 인출 사태를 막는 등 마치 중앙은행처럼 금융 위기를 막아냈다. 그가 세상을 떠나고 몇 달 후인 1913년 12월이 되어서야 미국 중앙은행인 연방준비제도가 세상에 모습을 드러냈다.

여전한 불법 고리대금업

은행업이 발전하고 보통 사람도 편안하게 은행을 이용했지만, 고리대금업은 사라지지 않았다. 은행은 재산이나 소득이 있는 사람을 주 고객으로 하고, 담보로 제공할 재산이 없거나 신용이 부족한 사람에게 돈을 빌려주지 않았다. 재산도 신용도 없는 사람은 급하게 돈이 필요할 때 고리대금을 이용해야 했다. 대부분 국가에서 최대로 받을

빚을 받아내는 사람

빌린 돈의 이자나 원금을 갚지 못하는 경우, 전문적으로 빚을 받는 일을 하는 사람도 있다. 중세 이후 땅이나 돈을 받아내 주는 사람이 존재했다. 주로 귀족이나 지주, 부유층 등 재산이 있는 사람이 돈을 빌려줄 수 있었기 때문에, 군인, 경찰, 보안관 등 권력과 법을 동원해 빚을 받았다.

근대 이후 큰 은행은 자기가 빌려준 돈을 받기 위해 전문적인 '채권 회수인'을 고용했다. 채권 회수인들이 모여 채권 회수 전문 회사를 만들기도 했는데, 이들은 대신 돈을 받아주고, 그 돈의 일부를 대가로 받았다. 때로는 은행이 돈 받기를 포기한 '부실 채권'을 싸게 사들인 다음 빚진 사람을 찾아다니며 조금이라도 돈을 받아내기도 한다. 이전에는 빚을 받아낼 때 폭력을 쓰거나 위협하기도 했지만, 오늘날에는 이런 행동을 하면 법에 의해 엄한 처벌을 받는다.

수 있는 이자율을 법으로 정하고 그 이상을 받는 것을 금지하고 있지만, 이를 무시한 불법 고리대는 전 세계 어디서나 찾아볼 수 있다. 고리대금업을 하는 사람들 뒤에는 범죄 조직이 숨어있는 경우도 많아서 높은 이자를 갚지 못하면 해코지당하는 일도 있었다.

20세기 이후
국제 금융의 변화

은행과 금, 그리고 지폐

금은 그 자체로 가치를 지녔기 때문에, 누가 금화를 만들든 순도와 무게만 일정하다면 같은 값이 나갔다. 처음 등장한 지폐는 이런 금화를 보관하고 내준 영수증 또는 보관증이었다. 그래서 은행에는 항상 지폐로 나간 돈 만큼의 금화가 보관되어 있었으며, 사람들은 원할 때 지폐를 들고 은행에 가서 금화로 바꿀 수 있었다. 이를 '금 태환'이라고 하며, 금과 교환할 수 있는 화폐를 '태환 화폐'라고 한다. 은행이 발행하는 지폐의 모든 금액만큼 금화를 보관하지 않으면서 금화의 쓰임새가 적어졌고, 금화 대신 금괴를 보관하게 되었다.

은행에서는 발행한 지폐 일부에 해당하는 금만 보관했기 때문에, 모든 사람이 한꺼번에 몰려들어 지폐를 금으로 바꿔달라고 하면 망

1920년대 미국의 금 교환 증서

하기도 했다. 하지만 여전히 은행에는 금이 있었으며, 사람들은 자신이 원할 때 지폐를 금으로 바꿀 수 있다고 믿었다. 이처럼 지폐의 가치를 '금'으로 보장하는 것을 '금 본위*'제도라고 한다.

금 태환 중지

전쟁이나 경제 위기를 맞이하면 사람들은 앞다투어 지폐를 금으로 바꾸려고 했다. 1797년 프랑스와 전쟁이 벌어질 것이라는 소문이 돌자 영국 사람들은 잉글랜드 은행에 몰려와 지폐를 금으로 바꾸려 했고, 은행이 파산할 위기에 처하자 영국 정부는 1821년까지 금 태환을 금지한 적도 있었다.

1914년 제1차 세계 대전이 발발하자 유럽 각국은 전쟁 비용을 위해 돈을 마구 찍어냈다. 지폐가 늘어나자 은행에서는 바꿔줄 금이 떨어져 파산 위기에 놓였다. 이에 정부는 금 태환을 중지했다가 1924년이 지나서야 다시 금 본위 제도로 돌아왔다. 하지만 경제 위기를 겪

---

* 금 대신 은을 가치의 기준으로 정하거나(은 본위제), 금과 은을 동시에 기준으로 한 나라(복 본위제)도 있었다.

으면서 수출이 줄어든* 영국은 1931년 영국 화폐 '파운드'를 더 이상 금으로 바꿔주지 않는다고 선언했다. 뒤를 이어 프랑스와 미국도 금 태환을 포기하면서 그때까지 유지되던 기본 질서가 무너졌다.

브레턴우즈 협약과 금 본위 제도의 붕괴

제2차 세계 대전이 끝나가던 1944년, 미국 브레턴우즈에서 44개국의 대표가 모여 금융 관련 국제회의를 열었다. 여기에서 금 본위 제도를 다시 본질적으로 바꿨다. 세계 경제의 대국으로 떠오른 미국만 35달러를 금 1온스로 바꿔주는 금 태환을 유지하고 나머지 국가는 달러를 기준으로 화폐 가치를 정했다. 즉 다른 나라의 돈 가치는 달러로 보장하고, 달러의 가치는 금으로 보장하는 것이다.

1947년 당시 미국은 전 세계 금의 70%를 보유하고 있어서 달러를 기준으로 돈을 발행하고 거래하는 것이 가능했다. 하지만 1960년대에 접어들면서 서독**과 일본의 경제 성장으로 미국이 세계 경제에서 차지하는 자리가 줄어들었고, 베트남 전쟁으로 돈이 필요했던 미국이 달러를 마구 찍어내 금 보유량보다 달러가 많아졌다. 불안함을 느낀 여러 나라는 자기들이 가진 달러를 금으로 바꿔 달라고 미국에

*   수출 증가 ⇨ 외국 돈 들어옴 ⇨ 외국 돈 금 태환 요구 ⇨ 나라에 보유한 금이 늘어남
    수입 증가 ⇨ 자국 돈 나감 ⇨ 외국에서 금 태환 요구 ⇨ 나라에 보유한 금이 줄어듦
** 2차 대전 후 독일은 동독과 서독으로 나뉘었다가 1990년 다시 독일로 통일되었다. 정식 명칭은 '독일 연방공화국'이다.

브레턴우즈 회의를 기념하는 액자 (flicker, ⓒFen Labalme)

게 요구했다.

뱅크런을 당한 은행처럼 금이 바닥나 파산할지도 모른다는 위기를 느낀 미국은 1971년 8월 15일 달러와 금의 교환을 금지했다. 이로써 화폐의 가치를 금으로 보장하던 시스템이 무너졌으며 이후 국가에 대한 신뢰가 화폐의 가치를 보장하는 '신용 화폐' 시대로 접어들었다.

IMF와 IBRD

브레턴우즈 회의에서는 국제 통화, 금융 질서를 유지하고 국제 무역과 경제 성장을 촉진하기 위해 '국제통화기금IMF'를 만들었다. IMF는 중앙은행과 흡사하다. IMF에 가입한 나라는 경제 수준에 따라 돈을 내며, 필요할 때 외화로 바꿔 갈 수 있는 '특별인출권'을 받는다. 또한 중앙은행이 경제 위기 때 다른 은행에 급히 돈을 빌려주는 것처럼, IMF는 외환 위기*를 겪는 나라에 급한 돈을 빌려준다(구제 금융). 하지만 구제 금융을 받으면 IMF의 감독에 따라 나라의 경제

* 나라에서 보유하고 있는 달러 등 외국 돈이 떨어져 더 이상 국제 거래를 할 수 없게 되는 위기

구조를 바꿔야 한다. 그래서 IMF 구제 금융을 '경제신탁통치'라 부르고 부정적으로 생각하기도 한다. 우리나라도 1997년 외환 위기에 IMF로부터 자금을 지원받아 위기를 넘겼다.

브레턴우즈 회의에서 세계은행 IMF와 동시에 탄생한 것은 '국제부흥개발은행IBRD'이다. IBRD는 원래 제2차 세계 대전 이후 유럽의 경제 회복을 위해 설립된 기구이다. 지금은 가난한 국가의 경제 개발과 산업화에 필요한 자금을 낮은 이자로 빌려주고, 보증을 서기도 하고, 경제 문제에 관해 자문해 주는 일도 한다. 현재 IBRD 회원국은 189개국이다.

21세기, 끊이지 않는 금융 위기

21세기에 들어서도 전 세계에 커다란 금융 위기가 계속되었다. 2008년에는 미국 부동산 가격의 하락으로 리먼 브라더스, 메릴린치 등 거대한 투자은행이 파산했다. 은행이 파산하자 자금조달이 어려워진 많은 회사가 위태로워졌다. 부동산 가격이 오를 때 집을 담보로 많은 대출을 해 준 은행은 집값이 떨어져 빌려준 돈을 받지 못해 망했다. 은행이 망하자 은행에 돈을 맡겼던 사람과 은행으로부터 자금을 대출받던 회사가 같이 어려워진 것이다. 이 여파는 전 세계로 퍼져나가 경제를 크게 흔들었고 우리나라도 주식이 폭락하는 등 고통을 받았다.

수백 년 전에 왕이 은행으로부터 빌린 돈을 갚지 않고 떼먹으면 그 은행이 망하고, 은행에 돈을 맡긴 사람들만 피해를 보는 정도였다. 하지만 이제는 한 나라에서 시작된 금융 위기가 금방 전 세계로 번지고 우리 생활에까지 직접적인 영향을 끼치게 되었다.

서양식 은행의 도입으로
변화한 중국 은행

부족해진 은과 아편 전쟁의 발발

명나라 이후부터 중국은 은을 주된 화폐로 사용했는데 항상 은이 부족해서 외국으로부터 많은 양을 수입해야 했다. 18~19세기 중국은 전 세계에서 은을 가장 많이 수입하는 나라였다.

영국은 청나라에 은을 주고 차를 수입했다. 차 수입이 늘수록 영국에서 빠져나가는 은이 늘었고, 영국은 이를 보충하기 위해 마약인 아편을 중국에 팔았다. 이에 반대로 중국에서 많은 양의 은이 아편 대금으로 흘러나갔고, 원래 은이 부족했던 중국 경제는 휘청거릴 수밖에 없었다. 이 때문에 청나라 조정은 아편 밀수를 엄격히 단속했고, 이를 계기로 영국은 중국을 공격해 아편 전쟁이 일어났다. 아편 전쟁에서 패배한 중국은 홍콩을 영국에 내주고, 상하이 등 항구를 외

청나라의 관리 임칙서가 아편을 폐기하는 모습

국에 열었다. 이를 계기로 서양 상인들이 중국에 본격적으로 진출했으며, 서양식 은행, 금융업도 들어와 전통적인 중국 금융 기관인 전장, 표호 등을 대신하기 시작했다.

서양식 은행의 도입

1845년 외국 은행으로는 처음으로 영국의 '여여은행'이 중국에 진출했다. 이어서 1860년대에는 상하이 등지에 10여개의 영국계 은행이 문을 열었고 이후 독일과 프랑스의 은행도 들어왔다. 초기에 외국 은행의 주된 업무는 교역 자금을 송금하는 것이었다. 하지만 점차 예금, 대출 등으로 하는 일을 넓혔다.

1865년에는 홍콩 상인과 영국 관리가 함께 '홍콩상하이은행'을 만들었다. 이 은행은 중국과 교역하는 상인들에게 자금을 지원했으며 중국 세관에서 외국과 교역할 때 거두는 관세를 보관했다. 홍콩상하이은행에서는 이 관세를 담보로 청나라에 큰 액수를 빌려주고, 1877년에는 최초로 중국 정부가 발행한 국채를 인수하기도 했다. 홍콩상하이은행은 은화 예금을 적극적으로 모집했으며 은을 지급 준비금으로 해서 은행권을 발행했다.

사람들은 청나라 정부에서 발행한 지폐보다 홍콩상하이은행의 은행권을 더 신뢰했다. 홍콩상하이은행은 각 지방 정부의 세금 징수권을 담보로 총독, 순무* 등 권력자에게 거액을 대출해주기도 했는데, 아예 은행 직원을 지방마다 보내 세금을 직접 관리했다. 20세기 초부터 청나라 정부에서도 호부 은행, 교통 은행 등 공공은행을 설립했으며, 1906년에는 최초의 민간 은행인 '신성상업저축은행'도 생겨났다.

* 총독을 보좌하는 관리로 1개 성을 총괄하는 관직

신해혁명의 숨은 주역과 중화민국의 은행

1912년 신해혁명으로 청나라 왕조는 무너지고 중화민국이 수립되었다. 왕조를 무너뜨린 신해혁명에는 철도 국유화에 반대하는 대중의 투쟁이 큰 힘이 되었다.

20세기 초 서양 여러 나라는 은행을 앞세워 중국의 철도 사업에 큰돈을 투자했다. 이에 중국인들도 돈을 모아 철도 사업을 하고자 했다. 그런데 청나라 정부는 직접 골치 아픈 사업을 하는 것보다 다른 나라에 넘겨주는 것이 유리하다고 판단했다. 정부는 외국에 철도 사업 권리를 넘겨주기 위해 해외에서 큰돈을 빌려 중국인들이 가지고 있던 철도 사업권을 사들였다. 철도 사업에 투자했던 중국인들은 이에 격렬히 반대하며 봉기를 일으켰다. 이 힘을 바탕으로 쑨원을 중심으로 한 혁명 세력은 결국 청나라 왕조를 몰아내고 새로운 나라 중화민국을 세웠다.

오늘날 베이징에 위치한 중화민국 중앙은행 본점
©Max12Max

중화민국이 설립된 후 1912년 중앙은행인 '중국은행'이 만들어졌다. 하지만 1928년 중국은행은 상업 은행으로 바뀌었고, 새로운 중앙은행인 '중화민국 중앙은행'이 탄생했다.

1935년에는 이때까지 유지했던 은 본위제를 포기하고 미국 달러를 태환 준비금으로 삼는 등 국제적인 변화에 발을 맞추었다. 하지만 계속되는 일본과의 전쟁, 국민당과 공산당의 내전으로 중국의 은행은 제 역할을 하지 못했다.

중화인민공화국과 은행업

1949년 마오쩌둥의 중국 공산당은 장제스의 국민당을 몰아내고 중화인민공화국을 수립했다. 중화인민공화국은 사회주의를 내세웠기에 이전과 같은 금융과 은행 시스템은 소멸하고, 국가에서 계획을 세워 경제를 운영했다. 하지만 1978년 개혁과 개방으로 자본주의적 경제를 받아들인 이후 1990년대에 접어들면서 서구식 금융 시스템을 받아들였다. 하지만 아직도 중국의 은행과 금융업이 완벽히 투명하게 운영되지 않는다고 믿는 사람도 많다.

조선의 개항과
근대적 은행의 출현

근대적 은행의 시작

1876년 조선은 일본의 강압 때문에 강화도 조약을 체결하고 부산, 원산, 인천의 세 항구를 외국에 개방했다. 이후 미국, 청나라, 영국, 독일, 러시아, 프랑스와 잇달아 통상조약을 맺고 사절단과 유학생을 보내 새로운 문물을 받아들이고 제도를 고쳤다.

1878년 '일본 제일은행'이 들어와 부산에 처음으로 지점을 내었다. 이후 이 은행은 원산, 인천, 서울 등으로 지점을 확대했으며, 일반인을 대상으로 하는 예금, 대출 등 은행 업무 외에도 1884년부터는 조선의 관세와 국가 재산을 관리하는 일을 맡았다.

1880년 이후 일본의 은행 제도에 관해 연구한 관리들은 민간이 돈을 예금하기 편하고, 자금을 지원받아 상업 활동을 하도록 돕는 은행

을 만들자고 건의했다. 또
한 청나라에서는 조선과
청나라의 부유한 상인들
의 돈을 이용해서 같이 은
행을 만들자고 제안하기
도 했다. 국내에서 은행을
만들자는 논의는 점점 활

1926년 한성은행 부산지점(한국저작권위원회)

발해졌지만, 우리 손으로 만든 은행은 대한제국이 수립한 이후 탄생
했다.

1897년 국내 민간 자본이 중심이 되어 서울에 '한성은행'을 처음으
로 만들었으며, 이후 1899년에는 '대한천일은행', 1906년에는 '한일
은행'이 잇달아 등장했다. 이 은행들은 세금을 수납하는 국고 업무를
하기는 했지만, 은행권을 발행하는 권한은 얻지 못했다.

여전했던 사채

조선에는 돈을 빌려주는 공식 금융 기관은 없었다. 환곡이라는 공
적인 대출 제도가 있었지만, 어디까지나 가난한 농민을 구휼하기 위
한 것이었다. 보통 사람은 급하게 돈이 필요하면 사채에 의존할 수밖
에 없었고, 사채의 높은 이자는 가난한 백성을 더욱 괴롭혔다. 개항
이후에도 사채는 이전과 크게 달라지지 않았다.

사채업자는 빌리는 돈의 액수가 적으면 담보 없이 신용만으로 빌려주기도 했지만, 액수가 커지면 집이나 논밭 문서를 담보로 잡았다. 사채를 쓸 때 돈을 빌려준 채권자와 돈을 빌린 채무자는 '표標'라는 계약서를 작성했다. 빚을 모두 갚고 나면 이 문서에 '효爻'자를 써서 거래가 끝났음을 알렸는데 이를 '효주爻周'라고 했다. 기한 내에 돈을 갚지 못하면 채권자는 빚을 심하게 독촉했고, 만일 끝내 갚지 못하거나, 채무자가 죽으면 채권자가 채무자의 집과 가구 등을 팔아 나눠 가졌다.

사채를 쓰는 사람은 한 달 치 이자를 먼저 내는 것이 보통이었다. 큰돈을 빌리면 월 원금의 2~3%를 이자로 갚았지만, 작은 액수를 짧은 기간 동안 빌릴 때는 시장이 서는 5일마다 원금의 1~2%씩 이자를 내기도 했다 이렇게 장날마다 이자를 붙이는 것을 '시변' 혹은 '장변'이라고도 한다. 이때 장변 2%는 월 12%, 연 144%의 이자율로 엄청난 고리대였다. 큰돈으로 사채를 주는 사람은 주로 고위 관리나 부유한 상인이었으며, 사채로 짭짤한 이익을 거둘 수 있기에 공금을 몰래 빼내 사채를 주는 관리도 있었다. 하지만 작은 액수를 대출해 주는 사채업에는 일반인도 많이 뛰어들었다.

전당업의 변화

'전당', 혹은 '전당포'는 서민이나 중산층이 급히 돈을 빌릴 때 이용하는 곳이었다. 사람들은 전당에 각종 물건을 담보로 맡기고 그 물건 가격의 일부에 해당하는 돈을 빌려 갔다. 전당포에서 돈을 빌리면

1906년경으로 추정되는 전당포 앞 풍경(국립민속박물관)

1개월에 원금의 3~5%에 달하는 비싼 이자를 내야 했으며, 빌리는 기간은 보통 3개월 이내로 짧았다. 기간이 지나도 돈을 갚지 못하면 전당포 업자는 담보로 잡은 물건을 처분해서 빌려준 돈을 회수했다.

전당포는 이자가 비쌌을 뿐 아니라 전당포 업자와 손님 사이에 다툼도 잦았다. 기간이 지나 물건을 팔아버리려는 전당포 업자와 물건 주인 사이에 싸움이 일어나고는 했다. 심지어 토지 문서를 맡기거나 남의 물건을 담보로 돈을 빌린 다음 도망가는 사람도 있었다. 이런 혼란을 막기 위해 1898년에는 '전당포 규칙'을 만들어, 이자율, 이자 계산 방법, 전당물 처분 방법과 절차 등을 자세히 정했다.

또한 외국인이 전당포를 통해 우리나라의 토지를 가지지 못하도록, 집이나 토지 담보는 한국인이 하는 전당포에서만 취급하도록 했다. 하지만 일본은 1905년 을사늑약으로 대한제국의 권한을 빼앗고, 일본 제국 정부의 대표를 통감으로 임명해서 대한제국의 정책을 마

음대로 만들었다. 특히 통감부는 일본인이 우리나라 땅을 소유하고, 저당 잡힐 수 있도록 각종 법을 고쳤다.

일제의 화폐 정리 사업

강화도 조약 이후 일본과의 상거래가 크게 늘었으며, 이에 따라 일본 화폐가 우리나라에 많이 들어왔다. 그 후 일본은 조선 정부를 압박해서 자기들의 화폐가 합법적으로 조선에서 쓰이도록 만들려 했지만, 우리나라 화폐를 지키려는 노력과 청나라와 러시아의 견제로 실패했다.

1904년 일본은 대한제국에 압력을 가해 재정 고문으로 일본인 관리 메가타 다네타로를 임명했다. 그다음에 대한제국의 화폐를 발행하던 '전환국'을 없애고 일본 제일은행 한양 지점에 대한제국 화폐의 제조 및 관리를 맡겼다. 이전에 사용하던 상평통보 같은 조선의 화폐를 모두 거두어들여 없앴으며, 일본 화폐를 대한제국에서 제한 없이 사용하도록 했다. 이 때문에 대한제국의 전통적인 금융 기관은 사라져갔으며 한성은행이나 대한천일은행 등 은행도 큰 타격을 입어 기능이 정지되었다. 반면 일본 제일은행은 화폐를 발행하는 '발권은행'으로 중앙은행의 위치를 차지했다. 이를 통해 일제는 우리나라를 식민지로 지배하기 위한 기반을 만들었다.

중앙은행의 탄생

화폐 정리 사업으로 대한제국의 금융 시스템이 무너지자 우리나라 상인들은 금융 기관을 만들기 위해 나섰다. 종로 상인들은 대한제국 정부에 은행권을 발행하고, 국고금을 취급하는 국립은행을 만들라고 요구했다. 하지만 이미 모든 재정 권한을 가지고 있던 통감부는 우리나라 은행에 화폐 발행 권한을 허가하지 않았다. 1909년이 되어서야 한국은행을 만들어 일본 제일은행이 담당하던 중앙은행 업무를 넘겨주었다.

1910년 식민 통치를 시작한 일본 제국은 1911년 한국은행의 이름을 조선은행으로 바꾸고 화폐 발행, 통화량 조절 등을 담당하는 중앙은행으로 삼았다. 1914년 조선은행은 일본 화폐와 1:1로 교환되는 법정화폐*인 조선 은행권을 처음 발행했으며, 우리나라뿐 아니라 만주, 시베리아, 중국 북부지역에서의 송금, 환전, 예금, 대출 업무를 담당했다. 이 지역에서는 조선 은행권을 일본 은행권 대신 사용했다. 또한 공채를 발행해서 일본이 중국과 전쟁을 벌일 때 필요한 비용을 조달하기도 했다.

1944년 발행한 10원짜리 조선 은행권

조선식산은행

1906년 일본은 조선의 농업과 공업의 발전을 위해 자본을 대출해 준다는 명분으로 전국에 11개의 '농공은행'을 만들었다. 이후 은행 간 합병으로 그 수가 6개로 줄어든 농공은행은 처음 설립 목적과는 달리 일본 상인이나 이민자에게 사업 자금을 주로 대출해 주었다. 농공은 행은 대출해 준 자금을 제대로 회수하지 못하고 경영이 어려워져 파산 직전까지 몰렸다.

이에 조선총독부는 1918년 농공은행을 없애고 '식산은행'을 만들었다. 식산은행은 국가 기관으로, 중앙은행인 조선은행의 감독을 받지 않고 조선총독부가 직접 통제했다. 특히 식산은행은 쌀 생산을 늘려 많은 양의 쌀을 일본으로 공출하기 위해 토지 개량이나 수리 사업*에 많은 자금을 대출했다.

또한 식산은행은 지방의 금융에도 영향을 미쳤다. 지방의 도마다 농민에게 자금을 대출해 주기 위한 금융 기관으로 '금융조합연합회' 가 있었는데, 식산은행은 금융조합연합회에 필요한 자금을 빌려주었다. 금융조합연합회는 식산은행에서 빌린 돈을 각 지방의 '금융조합' 을 통해 농민에게 다시 대출해 주었다. 이처럼 조선총독부는 식산은 행을 통해 조선의 지방 금융까지 통제할 수 있었다. 이 모든 일은 우

* 농작물 생산에 필요한 물을 조절하기 위해 저수지, 댐, 수로 등을 건설하는 사업

리나라를 공업 생산에 필
요한 원료를 공급하는 기
지이자 일본 상품을 판매
하는 시장이면서 전쟁에
필요한 자원을 생산하는
곳으로 만들기 위한 것이
었다.

1910년대 마산 식산은행 앞모습을 담은 엽서(한국저작권
위원회)

식민지 시대의 은행원

은행원은 다른 직업에 비해 안정적이고 월급이 많았기 때문에 일
제 강점기에도 많은 사람이 선호하는 직장이었다. 은행원이 되려면
상업학교, 혹은 전문학교 이상의 학력과 고위 관리나 유명한 사람의
추천이 필요했으며, 자격을 갖춘 후에도 치열한 경쟁을 거쳤다. 은행
중에서도 가장 인기 있는
곳은 '조선은행'과 '조선식
산은행'이었다.

조선은행은 식민지 금융
정책의 중심에 서 있는 중
앙은행이었다. 식산은행은
높은 급여로 인기가 높았

조선식산은행 본점 전경(서울역사박물관), 대한민국 정부
수립 후에는 다른 은행으로 모든 업무를 이관하고 해산
되었다.

독립운동과 은행

함경북도 출신 전홍섭은 조선은행 용정출장소에서 은행원으로 일했다. 그는 독립군의 군자금을 조달하기 위해 용정출장소로 오는 현금수송 마차의 정보를 독립군에게 전달했고, 독립군은 이를 습격하여 현금 15만 원을 탈취하는 데 성공한다. 하지만 전홍섭이 관련된 사실이 밝혀져 전홍섭은 징역 15년을 선고받고 서대문 형무소에 갇혔다. 그는 훗날 블라디보스토크로 망명해서 독립운동을 계속했고, 1963년 건국훈장 독립장이 추서되었다.

독립운동가 나석주는 1926년 12월 28일, 명동 신문로에 있는 조선식산은행에 폭탄을 던졌다. 경제 침탈의 본부인 동양척식주식회사, 조선은행, 식산은행 등을 폭파하는 임무를 띠고 있었기 때문이다. 하지만 폭탄이 터지지 않자 일본 경찰과 총격전을 벌여 몇 명을 사살했다. 총격전 끝에 힘이 다해 스스로 목숨을 끊으려 했지만 실패하고, 총상을 입고 체포된 후 목숨을 잃었다. 1926년 의열단에 입단

나석주 열사의 동상(대한민국역사박물관)

한 나석주는 국내로 들어와 군자금을 모으고 악질 친일파를 처단했다. 또한 상해 임시정부 경무국에서 경호원으로 임시정부 중요 요인을 경호하기도 했다. 1962년에는 건국훈장 대통령장이 추서되었다.

다. 식산은행 직원은 1927년 신입사원이 127원의 월급을 받았다. 당시 쌀 1가마가 7~8원 정도였는데, 단순히 지금 쌀값을 기준으로 계산해 보면 127원은 약 350~400만 원에 해당한다. 식산은행의 급여는 당시 조선인이 받을 수 있는 최대 수준이었고, 다른 직장에 비해 50~70% 높았다. 그래서 식산은행 배지를 달고 있으면 식당이나 찻집에서는 외상을 해 주고 사방에서 혼담이 몰려들었다고 한다.

월급을 많이 받기는 했지만, 조선인 은행원 중에 은행 지점장 이상 높은 지위로 승진하는 사람은 아주 적었다. 1,500여 명의 직원 중 조선인은 약 30%였는데, 1938년 기준으로 지점장급 이상 간부 중 조선인은 3명뿐이었다. 식산은행이 은행원에게 좋은 대우를 해 줄 수 있었던 것은 돈을 많이 벌었기 때문이었다. 식산은행은 일본 본토에서 낮은 이자율로 돈을 빌린 다음, 이 돈을 우리나라 농민에게 비싼 이자를 받으면서 대출해 주고 그 사이에서 큰 이익을 얻었다. 결국 우리나라 농민의 피땀을 가져다가 그 일부를 직원 월급에 쓴 셈이다.

조선식산은행의 여성 은행원

1920년대 이후 여성도 각종 산업 분야에 진출하기 시작했다. 이들은 주로 방직 공장의 직공과 상품 판매원, 접수원, 안내원, 회계사무원, 전화교환원 등으로 일했다.

식산은행은 중등 교육 이상을 받은 여성을 '고원'이라는 직위로 고용했는데 이는 은행 업무 전반을 다루는 '행원'의 아래였다. 고원은 서류를 타이핑하고 숫자 계산과 사무를 보조하는 일을 했다. 당시 여성이 은행원이 되는 것은 아주 독특하고 이례적인 일이었다.

이때 여성 직원은 몇 년 근무하다가 결혼하면 그만두는 것이 보통이었다. 하지만 일부 고원은 은행에서 계속 근무하기를 원했고 고원이 아닌 안정적인 행원 지위를 요구했다. 이 목소리가 높아지면서 1925년부터는 여성도 고원으로 입사한 후 4~5년이 지나면 행원으로 승진할 수 있었다.

1937년 일본 제국주의는 중국과 전쟁을 시작하면서 '총력전 체제'로 돌입했다. 이때부터 여성도 황국 신민의 일원으로서 각종 노동에 동원되었다. 식산은행도 남자 행원이 군대에 동원되어 비어버린 자리를 메우기 위해 1938년부터 여성 직원의 수가 이전보다 2배 이상 늘어났다. 1938년 기준으로 식산은행의 여성 직원은 281명이었으며, 이중 조선인은 30명이었다. 비록 숫자가 늘기는 했지만, 여성 직원은 남성 직원보다 월급이 적었고, 승진도 잘 안되었다.

대한민국의 은행

대한민국의 정부 수립과 새롭게 태어난 은행

1945년 8월 15일 일본이 패망하고 1948년 대한민국 정부가 수립되면서 새로운 통화와 금융 시스템을 만들었다. 1950년 5월 11일 「한국은행 설립에 관한 건」이 공포되어 6월 12일 조선은행의 자산과 부채를 이어받은 '한국은행'이 탄생했다.

한국은행은 대한민국의 법정 통화 발행, 다른 금융 기관 대출, 국고 관리, 은행 감독, 외환 정책, 통화 정책 등을 담당하는 대한민국의 중앙은행이다. 한국은행이 생긴지 얼마되지 않아 6·25 전쟁이 터졌다. 한국은행은 전쟁하는 동안 필요한 비용을 대고, 물가 안정, 전쟁이 끝난 후의 경제 재건을 위한 자금조달에 힘썼다.

전쟁이 끝난 이후 경제 부흥을 위한 사업과 이 사업을 지원할 은행

대한민국 중앙은행인 한국은행의 옛 건물, 현재는 화폐 박물관(한국관광공사)

이 필요해졌다. 1954년 4월 1일, 이전의 식산은행을 기반으로 기업에 공장과 기반 시설을 건설할 자금을 주로 대출해 주는 '산업은행'이 등장했다. 이 외에도 농민에게 필요한 자금을 대출해 주는 '농업은행'을 만들었고, 이전에 있던 '상공은행'과 '신탁은행'이 합쳐져 '한국흥업은행'이 되었다.

경제 개발과 금융의 발달

1960년대 이후 대한민국은 경제 발전에 온 힘을 기울였다. 경제 개발을 위해 필요한 자금을 원활하게 조달하기 위해 은행업을 새롭게 정비했으며, 서민을 위한 은행으로 '국민은행', 중소기업을 전담하는 금융 기관인 '중소기업은행'이 새롭게 탄생했다.

경제가 급격히 성장하던 1970년대에는 '한일은행', '상업은행', '조흥은행', '제일은행' 등이 만들어졌다. 국가에서 경제 성장을 주도하면서 은행은 정부의 정책을 뒷받침하는 것이 중요해졌다. 하지만 1980년대에 이후 은행은 자율적으로 경쟁해야 역량과 효율성이 높아진다는 생각이 퍼졌다. 또한 국가 경제가 성장하고 대한민국의 지위가 상승하면서 금융 시장을 국제적인 기준에 맞춰 운영해야 했다. 그래서 은행을 세우고 운영하는 것에 관한 각종 규제를 없애는 '금융 자율화' 정책을 시행했다.

외환 위기와 은행업

1980~1990년대를 거치면서 우리나라 경제는 크게 성장했다. 이 시기 기업들은 무리하게 돈을 빌려 사업을 늘렸다. 정치권과 기업이 결탁해서 은행에 압력을 가해 불합리한 사업에 돈을 대출해주기도 했다. 은행은 외국에서 1년 이내의 짧은 기간 돈을 빌려 기업에 높은 이자를 받으며 다시 대출해서 돈을 벌었다. 하지만 큰돈을 대출해준 기업이 망하자 우리나라 경제를 불안하게 생각한 외국 금융 회사는 빌려준 돈을 회수했고, 국가 전체에서 가지고 있는 달러 등 외국화폐(외환)가 떨어져 갔다. 마치 은행에 한꺼번에 고객이 몰려 예금을 찾아가 돈이 다 떨어지면 그 은행이 파산하는 것처럼, 대한민국에 들어온 외국 돈이 한꺼번에 빠져나가면 국가의 금융 시스템이 무너지고 경제는 큰 타격을 입는다. 어쩔 수 없이 정부는 국제통화기금(이하 IMF)으로부터 구제금융을 받았다.

외환 위기를 맞아 수많은 기업이 파산했고, 일부 은행이나 금융 회사가 문을 닫았다. 또한 우리나라 은행이 외국에 팔리기도 하고, 이전까지 정부에서 운영하던 '포항제철(지금의 포스코)', '한국전력

외환 위기와 금 모으기

외환 위기로 기업이 무너지자 많은 사람은 직장을 잃었다. 이런 위기를 맞자 장롱 속에 잠자고 있는 금을 모아 나랏빚을 갚자는 '금 모으기 운동'이 일어났다. 전 국민이 보상과 헌납의 방식으로 금을 모으기 시작했는데, 부부는 결혼반지를, 부모는 아이의 돌 반지를 내놓고, 운동선수들은 금메달을 기부했다. 당시 우리나라 가톨릭의 최고 지도자인 김수환 추기경도 금으로 된 자신의 십자가를 내놨다. 수많은 국민이 금 모으기에 동참하기 위해 길게 줄을 섰고 재외 교포들까지 합세했다. 온 국민이 모은 금은 석 달 동안 227톤으로 2조 5천억 원어치에 달했으며, 금 모

으기에 참여한 사람은 약 351만 명이었다. 금 모으기 운동은 하루빨리 나랏빚을 갚고 외환 위기를 극복하려는 의지를 보여 준 사례로 아직도 사람들의 마음속에 남아있다.

1998년 금모으기 운동 현장(옹진군청)

(KEPCO)', '한국통신(지금의 kt)' 같은 공기업도 민간에게 넘겼으며 많은 노동자가 직장을 잃었다.

위기의 극복과 재도약

우리나라 경제는 1997년 이후 빠르게 회복되었다. 2001년 8월에는

IMF에서 빌린 돈을 모두 갚아 더 이상 IMF의 간섭을 받지 않았다. 이를 계기로 은행은 정부나 정치권의 압력에서 벗어나 독립적으로 경영할 수 있게 되었다. 또한 기업들도 빚을 내서 무리하게 사업을 늘리기보다는 수익성과 효율성을 따져 안정적으로 운영했다.

외국 자본도 본격적으로 우리나라에 들어와 땅이나 건물을 사고, 주식에 투자했다. 외국인이 우리나라 금융 시장에 참여하면서 이전에는 없던 새로운 금융 상품도 많이 개발되었다. 21세기에 들어서면서 우리나라의 몇몇 기업은 세계적인 수준으로 성장했으며, 대한민국의 경제도 더욱 성장해 세계 10위의 규모를 자랑하게 되었다. 이처럼 기업과 경제가 발전하는 데는 새롭게 변신한 은행이 큰 몫을 했다.

오늘날과 미래의
은행과 은행원

20세기 이후에는 세계 여러 나라의 경제는 서로 얽혀 뗄 수 없는 관계가 되었으며, 은행이 흔들리면 전 세계 경제가 한꺼번에 휘청거린다. 은행의 규모는 점점 커지고, 은행원이 하는 일도 전문 분야에 따라 나누어졌기 때문에, 이제는 높은 수준의 교육을 받아야만 은행에 취직할 수 있다. 하지만 돈을 보관하고, 빌려주고, 바꿔주는 은행원의 기본적인 일은 변하지 않았다.

오늘날의 은행과 은행원

● 은행의 종류

상업은행과 투자은행

은행은 하는 일에 따라 크게 둘로 나눌 수 있는데, '상업은행'과 '투자은행'이 있다. 우리가 친숙한 은행, 즉 거리마다 지점을 두고 개인이나 기업의 예금을 받고, 이 예금을 가지고 개인과 기업에 대출해 주는 은행이 상업은행이다. 상업은행은 은행이 내주는 예금 이자와 은행이 받는 대출 이자의 차이(예대차익)로 돈을 번다.

투자은행은 돈을 불리고 싶은 투자자와 많은 자금을 오랜 기간 필요로 하는 기업을 연결해 주는 일을 한다. 이 은행에서는 예금을 받지 않고 기업이 발행한 주식이나 채권, 국가나 공공기관에서 발행한 국채나 공채 등을 사서 투자자에게 판매한다. 또한 기업이 다른 기업을 사들이는 일을 돕고, 자기 자금으로 기업에 직접 투자하기도 한다.

유럽의 은행은 대부분 투자은행과 상업은행을 겸하고 미국은 투자은행과 상업은행이 뚜렷이 구분되는 편이다.

중앙은행, 일반은행, 특수은행

우리나라에는 중앙은행인 한국은행 외에 '일반은행'과 '특수은행'이 있다. 일반은행은 예금, 대출 및 송금과 결제를 고유 업무로 하는

---

* 1929년부터 1939년까지 지속된 경제 위기, 미국 주식 시장의 폭락으로 시작해서 전 세계 경제에 큰 타격을 입혔다.

데, 다시 '시중은행', '지방은행', '외국 은행 국내 지점'으로 나뉜다. 시중은행은 가장 대표적인 은행으로 대도시에 본점을 두고 전국 각 지방 및 해외에 지점을 둔 은행이다. 온라인으로 은행 업무를 주로 처리하는 '인터넷 전문은행'도 있다. 특정 지역 안에서 주로 영업하는 지방은행과 우리나라에 지점을 둔 외국 은행도 여럿 있다.

일반은행으로는 부족한 부분에 자금을 원활히 공급하려고 만든 은행이 특수은행이다. 기업에 필요한 자금을 지원하는 '한국산업은행', 기업의 수출과 수입 등 해외 업무 관련 자금을 지원하는 '한국수출입은행', 중소기업의 금융 업무를 주로 담당하는 '중소기업은행' 그리고 '농협은행'과 '수협은행'이 특수은행이다.

국내 은행의 구분

은행 구분	은행명
중앙은행	한국은행
시중은행	국민은행, 신한은행, 우리은행, 하나은행, SC제일은행, 한국시티은행
인터넷 전문은행	카카오뱅크, 케이뱅크, 토스뱅크
지방은행	경남은행, 광주은행, 대구은행, 부산은행, 전북은행, 제주은행
특수은행	중소기업은행, 한국산업은행, 한국수출입은행, 농협은행, 수협은행

은행과 관련된 금융 기관

법적으로 은행은 아니지만 예금과 대출 업무를 하는 곳을 '비은행예

한국예탁결제원 로고

금취급기관'이라고 한다. 특정한 지역에서 서민과 소규모 기업을 대상으로 활동하는 '상호저축은행', 조합을 만들어 조합원의 예금과 대출 업무를 하는 '신용협동기구', 금융 기관이 없는 지역을 지원하기 위해 우체국에서 은행 업무를 하는 '우체국예금', 기업 대상 금융 업무를 하는 '종합금융회사' 등이 비은행예금취급기관이다.

투자은행처럼 주식, 채권이나 금융 투자 상품 거래와 관련된 업무를 하는 '금융투자업자'도 있으며, 그 외에도 카드 회사, 할부 금융사, 벤처캐피탈, 증권금융사 등도 대출 및 투자 업무를 한다.

은행이 파산해서 예금을 지급할 수 없더라도 일정 금액을 보호해 주는 '예금보험공사', 전화나 인터넷으로 금융 거래를 할 수 있도록 네트워크를 만들고 운영하는 '금융결제원', 은행이나 투자 회사가 소유하고 있는 증권을 거래할 때 계좌끼리 주고받도록 해 주는 '한국예탁결제원' 등은 직접 금융 거래는 하지 않지만 금융 시스템을 지원하는 기관이다.

● 은행원이 하는 일

개인 금융 업무와 기업 금융 업무

현대의 은행업은 매우 복잡해서 은행원이 하는 일도 다양하다. 우선 상대하는 고객에 따라 나눠 볼 수 있다. 개인 금융 업무를 담당하는 은행원은 개인을 상대하며, 기업 금융 업무를 담당하는 은행원은 기업이나 단체를 대상으로 각종 금융 서비스를 제공한다.

개인을 상대로 하는 대표적인 업무는 고객의 돈을 맡아주는 예금과 적금이다. 누구든 아무 때나 원하는 만큼의 돈을 은행에 맡기고 찾을 수 있으며(보통 예금), 정해진 기간 매달 돈을 넣거나(정기 적금), 일정 기간을 정해서 돈을 묶어두는 예금(정기 예금)도 있다. 그리고 개인에게 돈을 대출하고, 다른 사람이나 단체에 돈을 보내주고(송금), 원하는 나라의 돈으로 바꿔준다(환전). 또한 정부나 단체를 대신해서 세금, 공공요금, 사용료를 대신 받고, 여러 곳에 설치된 현금 자동 입출금기(ATM)를 관리한다.

회사나 단체를 상대하는 기업 금융 업무에는 대출(여신) 업무가 큰 몫을 차지한다. 기업에 빌려주는 돈은 대부분 액수가 크기 때문에 기업 금융을 담당한 은행원은 기업의 신용을 조사해서 제대로 이자와 원금을 갚을 수 있는지를 판단한다. 또한 담보로 잡는 물건의 가치를 평가해서 얼마를 대출해 줄지, 이자율을 어떻게 할지 등을 결정하는 것도 매우 중요하다. 대출해 준 다음에도 제대로 이자를 갚는지 관리한다.

창구에서 만나는 은행원

우리에게 친숙한 은행원은 은행 창구에서 만나 직접 이야기를 나누며 일을 처리해 주는 창구 직원이다. 이들은 고객이 하는 이야기를 잘 듣고, 원하는 바를 이해한 다음 금융 지식과 자료를 바탕으로 고객의 요구를 만족시킬 해결 방안을 제시한다. 고객과 거래할 때는 필요한 각종 서류를 받아 관련 법률 및 내부 규정에 따라 거래가 적절히 이루어졌는지 확인한다. 거래가 끝난 후에도 고객의 개인 정보를 안전하게 관리하고, 상품마다 약관의 주요 내용, 필수 안내 사항 등을 고객에게 자세히 설명해야 한다. 고객과 만날 때마다 자기 은행의 다양한 상품을 소개하고, 개개인의 특성에 맞는 금융 서비스를 추천하는 일도 빼놓을 수 없다.

사무실에서 일하는 은행원

우리가 볼 수 없는 사무실 안에서도 은행원은 여러 일을 한다. 기업 금융을 담당한 은행원은 기업에 대출해주고 사업에 투자하기 위해서 기업이 얼마나 유망한지 가능성을 분석한다. 그러기 위해 기업이 개발하는 기술, 보유 자산, 신용도 등을 평가한다. 정확한 분석과 평가를 해야 은행이 가장 적절한 방법으로 꼭 필요한 자금을 지원할 수 있다.

은행에 필요한 돈을 구해오는 것도 중요한 일이다. 물론 상업은행의 경우 예금이 은행의 주요한 자금이다. 하지만 그 외에도 다른 금융 기관에서 돈을 빌리거나, 은행이 직접 투자해서 이익을 거두는 것도 필요하다. 이를 위해 은행원은 각종 채권과 증권, 외환 가격의 변화를 늘 살피고, 은행에 충분한 돈이 남아있도록 관리한다. 또한 기업이나 개인 고객의 특성과 경제 환경을 분석해서 새로운 금융 상품을 만들고, 이를 광고하는 것도 중요한 업무이다.

금융을 뒷받침하는 일

직접 고객을 만나 돈을 유치하거나, 기업에 자금을 대출하지는 않지만, 은행의 기능이 온전히 돌아가게 하려면 빼놓을 수 없는 일도 많다. 특히 컴퓨터, 전화, 스마트폰 등을 이용해 은행 업무를 처리할 수 있는 전자 금융이 발전하면서 이를 원활히 작동하게 하는 '디지털', 혹은 '정보통신' 분야의 전문가도 은행원으로 활약하고 있다. 이들은 데이터를 통해 고객의 특성을 분석하고, 편리하고 안전한 금융 서비스 이용을 위해 응용 프로그램과 보안 시스템을 만들고 고친다.

은행에서 빼놓을 수 없는 분야는 '법'이다. 많은 돈이 복잡하게 얽혀 있는 은행업에서는 다툼이 일어날 가능성이 크고, 지켜야 하는 법률도 여러 가지다. 또한 우리나라 법률뿐 아니라 외국 법률도 지켜야 하므로 은행원 중에는 금융 관련 법률에 능숙한 전문가도 꼭 필요하다. 우리나라 은행의 해외 진출이 늘어나면서 외국 시장을 조사하고, 외국 대상 상품을 개발하고, 해외에 나가 지점을 세우고 운영하는 일을 담당하는 은행원도 점차 중요해지고 있다.

좋은 은행원의 자질

은행은 어떤 사람을 직원으로 채용하고 싶어 할까? 은행원이 일하는 분야가 다양해서 한두 가지로 뭉뚱그리기는 어렵다. 물론 금융 분야에 전문적인 지식과 경험이 있으면 은행원으로 일하는 데 유리하지만, 그것보다는 은행원으로서 일하는 태도가 더욱 중요하다. 은행원은 돈, 특히 현금을 다루는 직업이기 때문에, 관련 법률과 은행의 규정을 정확히 따르고, 고객의 비밀을 지키고 업무를 공정하게 처리할 수 있는 사람이어야 한다.

은행원은 고객을 만나는 직업이다. 그래서 성격이 밝고 사교적인 사람, 커뮤니케이션 능력이 뛰어난 사람, 예상하지 못한 상황이 발생해도 당황하지 않고 처리할 수 있는 융통성이 있는 사람이 좋다. 복잡한 은행 업무를 잘 처리하기 위해서는 다른 은행원과 협력해야 한다. 그래서 여러 사람의 서로 다른 의견을 잘 듣고, 다른 은행원이 도움을 요청하면 적극적으로 수용하고, 원활한 대인관계를 유지하는 것도 좋은 은행원이 갖춰야 하는 자질이다.

미래의 은행과 은행원

전통적 은행원은 줄어드는 추세

한국고용정보원에서 2020년 펴낸 「2019~2029 중장기 인력수급전망」을 보면 은행원은 2019년 약 10만 6천 명에서 2029년에는 9만 8천여 명으로 10년 동안 약 8천여 명이 줄어들리라 예측한다. 가장 큰 이유는 은행 지점과 창구에서 고객을 상대하는 직원이 점점 줄어들고 있기 때문이다.

오늘날 많은 고객이 은행을 직접 찾아가지 않고 인터넷이나 스마트폰으로 각종 금융 서비스를 이용하고 있다. 은행도 금융 서비스를 편하게 이용하도록 해 주는 다양한 모바일 앱 개발하는 데 힘을 쏟기에 이런 추세는 앞으로도 계속될 것이다.

전통적인 은행이나 다른 금융 회사의 점포 수는 줄어들고 있지만,

금융업을 하지 않던 회사도 전자 금융을 이용한 인터넷 은행 사업에 뛰어들고 있다. 또한 금융과 관련된 새로운 기술이 계속 발전하기 때문에 정보통신 분야에 전문성을 가진 은행원은 더욱 인기가 많아질 것이다.

고객의 변화

전 세계적으로 1980년대부터 2000년대 초반에 태어난 소위 '밀레니얼 세대'가 경제 활동의 주인공으로 등장하고 있다. 밀레니얼 세대는 2018년 기준으로 전 세계에 18억 명이며 우리나라는 2019년 기준으로 전 인구의 약 21%를 차지한다. 이들은 은행을 직접 찾아가기보다는 스마트폰을 사용한 비대면 모바일 뱅킹을 선호하고, 자기가 거래하는 은행을 자주 바꾼다. 또한 디지털 기술, 정보통신 기술에 익숙해서 전통적인 은행보다는 구글, 아마존, 네이버, 카카오 등 IT 기업이 제공하는 금융 서비스를 좋아한다. 이런 특성을 가진 고객이 점점 경제력을 갖추게 되면서 앞으로 은행의 거의 모든 서비스는 디지털, 비대면으로 바뀔 것이고, 또한 금융 상품도 이전처럼 창구에서 은행원이 소개하는 것이 아니라 SNS와 같은 미디어와 온라인 인플루언서*를 통해 퍼져나갈 것이다.

* SNS나 인터넷 방송, 유튜브 등에서 널리 알려져 영향력을 쌓은 사람

모바일 뱅킹의 확산

언제 어디서나 다양한 금융 서비스를 받을 수 있는 모바일 뱅킹은 일생 생활에서 떼어낼 수 없는 필수 서비스로 자리 잡았다. 모바일 뱅킹은 오프라인 은행 점포뿐 아니라 컴퓨터 기기를 사용한 온라인 서비스도 넘어서고 있다. 모바일 뱅킹이 확산하면서 은행 지점의 필요성은 점점 낮아지고 있으며 실제 은행 지점은 매년 숫자가 줄고 있다. 은행의 성공과 실패는 얼마나 쓰기 쉽고 편한 모바일 서비스를 제공하는지에 따라 갈릴 것이다.

기술의 혁신

모바일 뱅킹을 통해 금융 서비스를 받는 고객이 늘면서, 관련 기술도 급속히 발전하고 있다. 대표적으로 다양한 '핀테크' 기술을 이용한

금융 기술, 핀테크

'핀테크(Fin Tech)'는 '금융(Finance)'과 '기술(Technology)'을 합해 만든 단어다. 핀테크는 금융 서비스와 관련된 기술을 통틀어 부르는 말이다. 모바일 뱅킹을 통해 다른 사람에게 돈을 보내거나 받고, 물건을 산 다음 돈을 지불하고, 재산을 관리하고 투자하며, 개인의 거래 내용이 흘러나가지 않게 보호하는 등의 일과 관련된 기술들이 핀테크에 해당한다.

새로운 금융 서비스가 나날
이 발전하고 있다.

오늘날에는 모바일 뱅킹으로 거의 모든 것을 할 수 있게 되었다.

인공지능기술을 이용해서
대출을 원하는 고객의 신용
을 자동으로 평가한다. 이용
자가 사는 것, 보는 것, 좋아
하는 것 등의 데이터를 분석
해서 은행이 먼저 금융 서비스를 제안하는 '디지털 오퍼링' 서비스도
널리 쓰일 것이다. 이미 창구에서 고객을 상담하는 은행원 대신, 메
신저로 '챗봇'에게 궁금한 내용을 물어보는 서비스는 잘 알려져 있다.
챗봇은 앞으로 더욱 발전해서 복잡한 질문과 요청을 대신 처리해 줄
것이다.

또한 최근에는 여러 은행이 고객의 데이터를 공유해서 한 은행의
모바일 뱅킹 서비스를 통해 다른 여러 은행의 계좌도 함께 이용할 수
있도록 하는 '오픈 뱅킹' 관련 기술도 전 세계에 퍼져나가고 있다. 게
다가 거래 내용을 안전하게 지킬 수 있는 블록체인* 기술을 이용한
금융 서비스 개발에도 여러 은행과 정보통신 회사가 뛰어들고 있다.
온라인 공간에서는 현실에서 사용하는 화폐를 대신하는 '가상 자산'

* 소규모 데이터를 체인 형식으로 연결해서 네트워크에 저장하는 기술. 저장된 내용을 마음대로 바꿀
수 없고, 만일 바뀌면 그 내용을 누구나 볼 수 있다.

대표적인 가상자산인 비트코인의 로고

으로 물건을 사고팔며, 투자와 거래
를 하는 일도 흔하다.

은행의 소멸, 혹은 새로운 은행의 탄생

이런 기술 발전을 바탕으로 고객이 직접 찾아가는 기존의 은행 대신 온라인이나 스마트폰을 이용하는 새로운 형태의 은행이 속속 등장하고 있다. 특히 미국의 구글과 마이크로소프트, 중국의 바이두와 알리바바, 한국의 네이버와 카카오 같은 거대한 정보통신 기업이 다양한 금융 서비스를 제공하면서 기존 은행을 몰아내고 있다. 이러한 거대 기업들은 이미 수많은 사용자와 데이터를 가지고 있고 회사의 신뢰도도 높아 앞으로 금융 산업에서도 막강한 힘을 발휘하리라 예상한다. 아마도 미래에는 지금과 같은 은행의 모습은 찾아보기 힘들 것이다. 대신 인터넷을 검색하다가, 또는 온라인 쇼핑을 하면서 이와 결합된 금융 서비스를 자연스럽게 이용할 것이다.

어떻게 은행원이 될 수 있나요?

우리나라 은행과 은행원의 현황

2021년 말 기준으로 우리나라 은행은 총 21개이고, 국내에 지점을 둔 외국 은행은 35개이다. 21개의 은행에는 중앙은행 1개, 시중은행 6개, 인터넷전문은행 3개, 지방은행 6개, 특수은행 5개가 있다*. 중앙은행인 한국은행은 서울 본점 외에 각 도, 광역시별로 지역본부를 두고 있으며, 2021년 기준 임직원은 2,495명(무기계약직, 비정규직 포함)이다. 한국은행을 제외한 20개의 국내 은행은 2021년 말 기준으로 국내 총 6,094개의 점포를 두고 있는데, 작년에 비해 311개가 줄어들었다. 모바일 뱅킹 등 비대면 거래가 늘면서 점포 숫자는 매년 줄어들고

---

* 은행 외에 저축은행, 협동조합, 종합금융사, 신용카드사, 리스나 할부 금융사 등의 금융 기관은 제외했다.

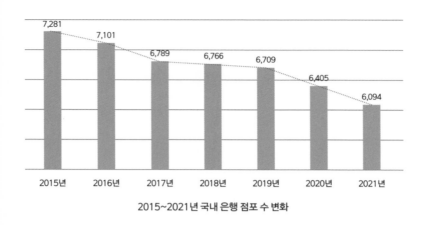

2015~2021년 국내 은행 점포 수 변화

있다. 우리나라에 들어온 외국 은행은 총 35개이며, 점포 수는 41개이다(금융통계정보시스템 https://fisis.fss.or.kr/ 참고).

2021년 말을 기준으로 국내 은행의 직원 수는116,168명이며 2020년 118,425명에 비해 2,257명 줄어들었다. 외국 은행에는 2,887명이 근무하고 있으며, 2020년 2,936명보다 줄었다. 전체 은행원 평균으로 따지면 여성과 남성의 비율은 거의 반반이며, 여성이 남성보다 많은 은행도 있다. 하지만 높은 자리로 갈수록 남성의 비율이 높아져 중간 관리자 이상에서 여성의 비율은 평균 30% 정도이며, 최고위급 임원은 5%가 채 되지 않는다.

은행원이 되는 법

은행은 저마다 기준에 따라 직원을 뽑기 때문에 은행원이 되는 방법을 일반화할 수 없지만, 보통 서류 심사 → 필기시험이나 적성 검사 → 면접 → 신체검사 순으로 진행된다. 시험을 치르는 날짜, 합격과 불합격의 기준 등이 은행마다 달라, 지원하려는 사람은 자신이 입사하고자 하는 은행의 모집 공고를 잘 살펴보아야 한다.

신입 은행원을 뽑을 때는 지원자의 학력과 나이를 제한하지는 않지만, 상업계 고등학교나 대학에서 경영학, 회계학, 경제학 등 상경 계열 학과를 졸업해서 회계나 금융에 관한 지식이 있는 사람이 유리하다. 또한 변호사, 공인 회계사, 세무사*, 변리사**, 공인노무사***, 감정평가사**** 등 은행 업무와 관련이 있는 전문 자격을 가진 사람이나 어학 관련 자격증을 가진 사람을 우대한다. 최근에는 모바일 뱅킹이 커지면서 모바일 앱과 서비스 개발, 개인정보 보호를 위한 인터넷 보안, 편리한 은행 서비스 이용을 돕는 유저 인터페이스 관련 지식이 있는 사람에게 가산점을 주는 은행이 늘어나고 있다. 그래서 취업을 준비하는 사람들도 이와 관련된 지식과 경험을 쌓고 있다. 은행은 인기 있는 직장이라 보통 신입 은행원 시험의 경쟁률은 수십 대 일이 넘기도 한다.

---

*	세금 업무에 관한 일을 대신 처리하여 주거나 상담하는 일을 직업으로 하는 사람
**	특허, 실용신안, 의장 및 상표 따위에 관한 사무를 대리 또는 감정하는 일을 직업으로 하는 사람
***	노동자의 권리 및 구제에 관련된 업무와 노무 관리에 대한 상담 및 지도 등의 일을 하는 사람
****	동산이나 부동산 따위와 같은 재산의 가격을 감정 평가 할 수 있는 법적 자격을 가진 사람

2부

재산을 기록한 문서의
거래를 돕는 증권업 종사자

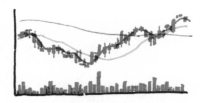

증권의 탄생과
성장

'증권'이라는 단어는 여러 가지 뜻을 가지고 있지만 경제에서는 돈에 관한 권리와 의무를 약속하는 문서를 말한다. 이러한 증권의 대표적인 상품은 채권과 주식이다. 채권은 12세기 이탈리아에서 전쟁 기금을 마련하기 위해 세금을 걷는 대신 시민의 돈을 빌리면서 생겨났다. 주식은 회사를 세울 돈을 마련하기 위해 여러 사람에게 회사의 권리를 파는데, 이를 증명하는 문서이다. 17세기 무렵에는 유럽 전역에 증권을 거래하는 거래소가 세워졌고, 이곳에서 판매자와 구매자를 연결하는 증권 중개인이 등장했다.

돈에 관한 권리와 의무를
약속하는 문서, 증권

증권과 증권업 종사자

'증권'이란 말 그대로 하면 '증거가 되는 문서(권)'라는 뜻이지만, 보통은 '재물(돈)에 관한 권리와 의무를 기록해 둔 문서'인 '유가증권'이라는 의미로 널리 쓰인다. 유가증권에는 언제까지 돈을 주기로 약속한 증서인 '어음', 자기 은행 계좌에 있는 돈을 내주기로 약속한 '수표', 그리고 '채권'과 '주식'이 있다. 이 중에서 돈을 벌기 위해 투자하고 거래하는 대표적인 증권은 채권과 주식이다.

증권업 종사자는 채권과 주식 등을 거래할 때 파는 사람과 사는 사람을 연결하고 그 사이에서 필요한 일을 돕는다. 전문 증권 중개인은 17세기에 처음 모습을 드러냈으며 오늘날에는 금융자산운용가, 투자분석가 등 전문적인 지식과 경험이 필요한 직업이 생겨났다.

채권의 종류

채권은 단체에서 사업을 할 때 필요한 돈을 여러 사람에게 빌린 후 언제까지 갚고 얼마의 이자를 주겠다고 약속하는 증서이다. 채권은 국가나 공공기관, 금융 기관, 회사 등에서 큰돈이 필요할 때 발행하며, 발행한 기관이 얼마나 믿을만한지에 따라 수익률이 달라진다.

또한 채권의 수익률은 한 국가의 경제 상태를 알려주는 표식이며, 다른 금융 상품의 기본 이자율을 결정하는 기준이 된다. 채권은 국가에서 발행한 '국채', 다른 공공기관에서 발행한 '공채', 회사에서 발행한 '회사채' 등이 있다. 채권을 발행할 수 있는 기관이나 회사는 물론이고, 채권을 발행하는 절차는 법에 정해져 있다.

1987년에 외환 위기 극복을 위해 발행한 외국환평형기금채권 ⓒ한국학중앙연구원

주식과 주식회사

회사를 세우거나 운영할 때 필요한 자본을 만들기 위해 회사는 자기 회사의 권리를 여러 사람에게 팔아 돈을 모은다. 이때 돈을 낸 사람에게 그 돈만큼의 권리를 증명하는 문서를 내주는데 이것이 주식이다. 주식을 가진 사람을 '주주'라 하며 주식을 팔아 모은 돈으로 만든 회사가 '주식회사'이다.

주주는 가지고 있는 주식 수에 비례해서 회사가 번 돈을 나눠 가질 수 있으며, 회사의 중요한 결정에 참여할 수도 있다. 만일 회사가 망해 돈을 다 날리더라도 자기가 주식을 사기 위해 낸 돈 만큼만 손해를 본다.

주주는 자기가 가진 주식을 '주식 시장'에서 마음대로 팔고 다른 주식을 살 수 있다. 주식을 발행한 회사가 현재 사업을 잘하거나, 앞으로 더 성장할 가능성이 보이면 그 회사 주식 가격은 오른다. 반대로 회사 사정이 어렵거나 나쁜 일이 있으면 주식 가격이 떨어진다. 그래서 싼값에 주식을 샀다가 비싸게 팔아 큰돈을 버는 사람도 있고, 반대로 비싸게 샀다가 싸게 팔아 큰 손해를 보는 사람도 있다.

1989년 발행한 한국전력주식회사 주권 ⓒ한국학중앙연구원

채권과 주식 시장이
생기기까지

채권의 탄생

채권의 역사는 12세기 이탈리아에서 시작되었다. 1164년 베네치아에서 국가가 시민들로부터 돈을 빌리는 국채를 처음으로 발행했다. 1171년에는 비잔티움 제국과의 전쟁을 치르는 데 필요한 비용을 확보하기 위해 모든 베네치아 시민에게 강제로 '프레스티티'라는 국채를 팔았다. 프레스티티는 가진 재산에 따라 정해진 액수의 국채를 반드시 사야 했다는 점에서 마치 재산에 부과하는 세금과 비슷했다. 하지만 정부가 개인이 산 금액의 5%를 매년 이자로 주기로 했기에 세금과는 달랐다. 1262년부터는 프레스티티를 개인끼리 사고팔 수 있었다. 덕분에 강제로 프레스티티를 산 사람은 5%의 이자를 원하는 사람에게 바로 되팔 수 있었다.

시장에서 거래되는 국채의 가격은 정부가 얼마나 믿을만한지에 따라 달라졌다. 만일 정부에서 꼬박꼬박 이자를 준다면 원래 정부에서 발행한 값이 유지되지만, 늦게 주거나 주지 않는다면 값이 내려갔다. 15세기에 들어서 베네치아 정부가 이자를 제때 주지 못하자 프레스티티는 원래 가격의 40~60% 가격으로 거래되었다.

베네치아는 18세기 후반까지 국채를 발행했다. 국가가 나서서 돈을 빌리고 이자를 지급하는 꼴이 되자 대금업을 금지했던 교회는 국채를 어떻게 해석할지를 두고 골머리를 앓았다. 만일 이를 죄악이라고 하면 정치적, 사회적인 문제가 일어날 수 있기 때문에 신학자들은 "프레스티티는 국가 유지에 필요하다", "강제로 사야 해서 대금업이 아니다", "성직자도 가지고 있는 프레스티티를 어떻게 불경하다고 할 것인가?"라고 주장하며 국채 발행을 정당화했다.

금리생활자의 증가

전쟁 비용을 마련하기 위해 허덕였던 또 다른 이탈리아의 도시 피렌체에서도 부유한 시민들이 세금 대신 국가에서 발행한 채권 '프레스탄제'를 사고 이자를 받았다. 이탈리아의 도시들은 빚이 커지면서 점점 더 많은 채권을 발행했다.

이 시기에는 연금의 특징을 띤 '센서스'도 활발히 거래되었다. 중세 이후 국가나 영토를 가진 귀족이나 농부는 땅에서 나오는 수익이나 세금을 담보로 센서스를 팔았고, 센서스를 산 사람은 매년 일정한 돈을 받았다. 센서스는 구매자가 살아있는 동안에만 돈을 받는 '종신형'과 후손에게 물려줄 수 있는 '상속형' 두 가지가 있었다. 센서스를 비롯한 여러 가지 채권은 13세기 이후 북유럽 지방으로 퍼졌다.

16세기가 되면서 상업의 중심지인 네덜란드의 암스테르담에서 온갖 종류의 채권이 활발하게 거래되었다. 1650년 당시 네덜란드에는 채권에 투자해서 얻는 수익이나 연금만으로 살아가는 '금리생활자'

채권의 가격과 이자는 어떻게 달라지나?

채권을 처음 발행할 때는 원금과 이자율, 만기일을 정한다. 예를 들어 어떤 나라에서 원금 100만 원, 연 이자율 10%, 만기일 30년의 채권을 발행했다고 하자. 처음에 100만 원을 내고 채권을 산 사람은 매년 10만 원씩 돈을 받는다. 그런데 채권을 발행한 나라의 경제 사정이 나빠져 매년 이자를 주기 어려워질 지경에 이르렀다. 그러자 채권을 가진 사람은 싼값에라도 팔아버리고 싶어져 100만 원짜리 채권을 80만 원만 받고 팔았다. 80만 원에 채권을 사고 매년 10만 원씩 이자를 받으면 원래 이자율은 10%지만 자기가 낸 80만 원을 기준으로 한 수익률은 12.5%이다.

국가의 살림이 어려워지면 채권의 가격은 내려가고 그만큼 수익률이 높아지지만, 이자를 받지 못할 수 있다는 위험을 무릅써야 한다. 국가의 재정이 튼튼해져 이자를 못 줄 위험이 사라지면 다시 채권 가격은 올라가고 수익률이 낮아진다. 국채의 수익률이 낮다는 것은 그 나라의 경제가 튼튼하다는 증거이다.

가 6만 5천여 명이나 있었다.

주식회사가 생겨나기 전

16세기 영국과 네덜란드는 스페인과 포르투갈이 주도하는 국제 교역에 끼어들어 힘을 키웠다. 특히 네덜란드는 인도네시아 자바섬의 서쪽 반탐 지역에 교역소를 건설하고 향신료를 사서 유럽으로 실어 갔다.

네덜란드의 주요 항구에는 상인들이 모여서 회사를 만들고 배를 사서 아시아로 향했다. 교역을 위해 네덜란드를 떠난 배가 향신료를 싣고 다시 돌아오려면 아무리 짧아도 1년이 넘게 걸렸고, 돈을 투자한 상인들이 자기 몫을 받으려면 2~3년이 걸렸다. 게다가 당시 장거리 교역은 출발한 배의 절반 정도만 무사히 돌아올 정도로 위험했다.

향신료 교역을 마치고 돌아온 네덜란드 상선대

하지만 몇 척만 돌아와도 큰돈을 벌 수 있었기에 네덜란드의 항구마다 교역 동안에만 활동하는 회사가 여럿 있었다. 유능한 선장이나 선원을 서로 스카우트해 가고, 때로는 한꺼번에 많은 양의 향신료를 동시에 가져와 가격이 하락하는 일 등 과도한 경쟁으로 모두가 피해를 보는 일도 있었다.

최초의 주식회사

네덜란드에서는 자국 상인끼리 경쟁을 그만두고 포르투갈이나 영국과 겨루기 위한 회사가 필요하다고 생각했다. 네덜란드 의회는 상인들을 설득해 이미 활동 중이던 6개의 회사를 합쳐 '네덜란드 동인도 회사Vereenigde Oostindische Compagnie'를 만들고 아시아와 교역을 독점하도록 했다.

이전까지 회사를 만들 때는 동료 상인이나 친척, 친구들끼리 돈을 모았지만, 동인도 회사(이하 VOC)를 세울 때 필요한 자본금은 네덜란드 국민이면 누구나 투자할 수 있었다. 자금을 투자하고 싶은 사람은 VOC 사무소

네덜란드 동인도 회사의 주주 명부

에 가서 명부에 이름을 올렸고 주주의 이름과 주식 투자 액수와 날짜를 기록해 둔 명부가 주권을 대신했다. 1602년 3월 네덜란드 의회가 VOC의 '정관*'을 결정하고 발표한 이후 8월 말까지 모두 1,143명이 6,424,588굴덴의 자본금을 투자했다. VOC의 자본금은 영국 화폐로는 약 60만 파운드가 넘었는데, 당시 영국 동인도 회사의 여덟 배에 달하는 규모였다.

주식회사의 운영

VOC에 많은 돈을 투자한 주주 70명이 뽑은 17명의 '이사'가 '17인 위원회'를 만들어 회사를 운영했다. 1603년에 처음으로 22척의 배가 아시아로 교역을 떠났으며, 이후 VOC는 자본금을 활용해서 아시아 현지에 공장을 지어 옷감을 생산해서 향신료값을 치렀다. 22척으로 시작한 교역은 점점 커져 1620년에는 50여 척, 1690년에는 150여 척 이상의 배가 유럽과 아시아를 항해했고 18세기에 VOC는 처음 만들 때보다 두 배 이상으로 성장했다.

네덜란드 의회는 VOC에 21년간 독점 활동을 허락했다. 또한 회사가 세워진 지 10년이 지나면 회사를 정리해서 주주가 투자한 돈을 돌려주고, 자본금의 5% 이상 이익이 나면 이를 주주에게 나눠주도록

---

* 회사의 목적, 조직, 업무 집행 따위에 관한 근본 규칙

네덜란드 동인도 회사 본부

정했다. 하지만 이런 규정은 제대로 지켜지지 않았다. 주주는 1610년이 되어서야 처음으로 이익을 나눠 받았다(이익 배당). 심지어 처음 배당은 돈이 아닌 향신료의 일종인 메이스였다. 주주가 VOC 사무실로 가면 명부에 적힌 투자금에 따라 '수령증'을 내주었고, 이 수령증을 창고에 가져가 메이스로 바꿔갔다. 주주들은 이후에 향신료 배당을 몇 번 더 받았으며, 일부 현금 배당도 있었다.

VOC는 세워진 지 10년이 되는 해인 1612년에 회사를 정리하는 대신 이익 배당을 해서 50년 더 운영하도록 허락받았다. VOC는 1799년까지 계속 활동하면서 국제 경제의 큰 부분을 차지했다.

주식 거래 방법

VOC에 투자한 사람은 자기 몫의 권리(지분)를 마음대로 팔 수 있었다. 지분을 팔려는 사람과 사려는 사람이 함께 VOC 사무실로 찾아가 약간의 수수료를 내고 주주 명부를 고치면 거래가 끝났다. 그러면 VOC는 거래 내용을 기록한 문서를 만들어주었다.

VOC 주식이 발행된 후 6개월이 지나지 않아 처음으로 주식 거래가 일어났다. 주식 대금을 바로 내지 않고 나중에 내겠다고 약속한 VOC 투자자들이 돈을 구하지 못하고 자기 지분을 다른 사람에게 판 것이다. 그 사이 VOC 주식 가격은 6.5% 정도 올랐다. 하지만 아직 판매자들이 VOC에 돈을 내기 전이라 주식은 원래 장부에 기록된 가격대로 거래되었고, 주식을 판 사람은 오른 가격만큼 이익을 보지는 못했다.

주식 거래소의 등장

처음 주식 거래는 상인들이 모이는 장소에서 자연스럽게 일어났다. 번화한 거리나 길거리 시장에서 상인들은 곡물, 옷감, 귀금속 등과 함께 주식도 거래했다. 때로는 더 이상 쓰지 않는 성당*을 거래 장소로 이용하기도 했다. 주식 거래가 늘어나자 1608년 암스테르담 시청 근처에 '암스테르담 증권 거래소'를 만들어 매일 정오부터 2시까지 주식을 사고팔았다.

주식을 팔려는 사람은 손을 내밀고 자기가 원하는 액수와 양을 이야기했다. 판매 조건이 마음에 든 사람이 그 손을 잡으면 거래가 이루어졌다. 만일 가격이 마음에 안 들면 악수 대신 손을 툭 쳤고, 그러면

---

* 당시 네덜란드는 개신교 국가라 가톨릭 성당은 사용하지 않았다.

17세기 암스테르담 증권 거래소(왼쪽)와 그 내부(오른쪽)

팔고자 하는 사람은 조건을 바꿔 다시 이야기했다.

주식 시장은 판매 조건을 이야기하는 사람, 서로 언성을 높여 싸우는 사람, 다른 사람을 밀치며 지나가는 사람 등이 뒤섞여 매우 혼잡했다. 당시에는 주주가 직접 거래소에 나가 거래했는데, 혼란하고 거친 시장 분위기를 싫어하는 사람은 주식 거래를 '주식 중개인'에게 맡기기도 했다.

주식 중개인의 활약

당시 주식 거래를 할 때는 특별한 계약서를 쓰기보다는 파는 사람과 사는 사람이 말로 약속하고, 자기들끼리 돈을 주고받는 경우가 많았다. 이런 식의 거래가 가능하려면 거래 상대자가 서로 믿을 수 있어야 했다. VOC가 탄생할 때 큰 액수를 투자한 주주들은 대부분 부

유한 상인이었으며 서
로 오랜 시간 알고 지내
던 사이가 많았기에 상
대방의 사정과 신용을
잘 알고 있었다. 하지만
1640년대 이후 새롭게
VOC의 주주로 등장한

새로운 암스테르담 증권 거래소 ⓒBootuitjes

유대인 상인과 원래 네덜란드 상인들은 서로 잘 알지 못했기에 거래
상대자의 신용을 알 수 없었다. 그래서 이들은 상인 사회를 잘 알고
있는 상인 출신 전문 중개인에게 수수료를 내고 주식 거래를 맡겼다.

전문 주식 중개인은 주식을 팔려는 사람과 사려는 사람을 연결하
면서 상대방의 신용을 확인했다. 때문에 잘 모르고 직접 거래하는 것
보다 주식 중개인을 통하는 것이 안전했다. 주식 중개인들은 조합을
만들었는데, 이들은 다른 사람의 거래를 돕는 일만 했지 자기 이름으
로 거래를 할 수 없었다. 만일 중개인이 자기 이익을 위해 거래했다는
사실이 밝혀지면 첫 번째와 두 번째는 벌금을 물었지만, 세 번째에는
조합에서 쫓겨났다.

17세기 말이 되면 대부분의 주식 거래는 믿을만한 중개인을 통해
이루어졌다. 1876년에는 '암스테르담 거래소 협회'가 등장해서 이 협
회의 회원만 주식 거래를 할 수 있게 되었고, 1913년에는 증권 거래

만 하는 건물을 새롭게 지어 오늘날까지 이용하고 있다.

주식회사의 성장과 버블

네덜란드 동인도 회사 이후 주식회사는 영국과 프랑스를 비롯한 유럽 전역에서 크게 성장했으며, 주식 거래도 활발해졌다. 은행은 주식을 담보로 잡고 돈을 빌려주었으며, 사람들은 돈을 빌려 주식을 샀다. 어떤 회사가 앞으로 큰돈을 벌 수 있다고 예측하면 사람들이 앞다투어 그 회사 주식을 샀고, 그러면 주식 가격은 끝없이 올라갔다. 하지만 예측이 빗나가 회사의 실적이 나빠지면 너도나도 주식을 팔기 시작해서 주식 가격은 바닥으로 떨어져 주주는 투자한 돈을 몽땅 날리고 알거지가 되기도 했다. 주식 시장이 커지자 18세기부터 주식 가격이 갑자기 올랐다가 떨어지는 '버블' 현상이 나타났고 이는 20세기 이후에도 반복되었다.

미시시피 주식회사와 남해 주식회사의 버블

영국 스코틀랜드 출신으로 프랑스 왕실의 신뢰를 얻은 '존 로'는 프랑스 왕실의 신뢰를 바탕으로 '왕실 은행'을 만들고, 미시시피 주식회사를 세웠다. 존 로는 미시시피 주식회사의 자본금을 조달하기 위해 주식을 팔았는데, 주식 투자를 원하는 사람에게 연 2%의 싼 이자로 왕실 은행을 통해 돈을 빌려주었다. 사람들은 미시시피 회사의 주식을 사기 위해 몰려들었으며 주가는 끝없이 올라갔다.

하지만 북아메리카 식민지를 다녀온 배가 질병, 인디언의 습격, 척박한 모래땅과 같은 현실을 이야기하면서 미시시피 주식회사에 관한 환상이 깨졌고 주가는 바닥으로 떨어졌다. 사람들은 왕실 은행도 믿지 못해 그 은행이 발행한 은행권을 은으로 교환해 달라고 요구했다. 더 이상 은을 내 줄 수 없게 된 은행은 문을 닫았고, 존 로는 결국 이탈리아로 도망가 그곳에서 세상을 떠났다.

1711년 영국의 '남해 회사'는 정부의 빚을 떠안는 대신 무역을 독점하는 권리를 받았다. 남해 회사의 주식은 오르기 시작했고 사람들은 혹시라도 돈 벌 기회를 놓칠까 두려워하며* 앞다투어 남해 회사의 주식을 사들였다. 하지만 실제 무역에서 이득을 보지 못하고, 외국 정부로부터 무역독점권을 얻었다는 소식도 거짓말로 밝혀지면서 주가는 바닥을 쳤다. 많은 사람이 재산을 탕진한 이 소동을 후에 '남해 버블'이라고 불렀고, '버블'이라는 단어가 공식적으로 등장한 것도 이때였다. 유명한 과학자 아이작 뉴턴도 이때 큰돈을 날렸다.

---

* 자신만 못 사고 가격이 오를까 두려워, 가격에 상관없이 무리하거나 사는 일을 '공황 구매', 혹은 '패닉 바잉'이라 한다.

시대의 흐름과
함께한 증권

한 지역 안에서 거래되던 증권 시장은 기술이 발전하고 경제가 성장하면서 국제적으로 확장되었다. 통신 수단이 발전하면서 직접 거래소에 가거나 증권 중개인에게 맡기지 않아도 거래할 수 있게 되었다. 동아시아에도 19세기에 들어 증권 시장이 생겨나기 시작했다. 우리나라는 일제가 식민지 지배를 위해 인천미두취인소, 조선취인소를 설치했고, 광복 후에 대한증권거래소가 설립되어 비로소 제대로 된 증권 거래를 할 수 있었다.

변화하는 채권과 주식

영국의 콘솔 국채

1751년 영국은 정부가 여기저기에 진 빚을 하나로 모아 '콘솔 국채'를 만들었다. 이 채권은 '영구적인 채권'으로 원금을 돌려주는 만기일이 없었다. 영국은 콘솔 국채의 이자율을 여러 차례 변경해 새로이 발행했는데 수익률은 영국의 정치, 경제 상황에 따라 달라졌다. 나폴레옹이 한참 유럽 대륙에서 세력을 키워 영국을 위협하던 때 콘솔 국채의 수익률은 30%나 되기도 했다. 영국은 그 후에도 1932년까지 콘솔 채권을 발행했으며, 180여 년간 발행한 채권을 2015년에 다 갚았다*.

* 원금을 갚는 기한은 없지만, 의회에서 결정하면 상환할 수 있다.

미국의 면화 채권

미국의 남북전쟁 당시 '남부 연맹**'은 전쟁 비용을 조달하기 위해 특산품인 면화를 담보로 하는 '면화 보증 채권'을 만들었다. 프랑스 은행에서 발행한 이 채권은 20년 만기에 이자율 7%였다. 비록 남부는 전쟁에서 밀렸지만, 전쟁 때문에 면화 가격은 계속 올라갔기 때문에 사람들은 이 채권을 계속 가지고 있었다. 게다가 남부 연맹은 일부러 면화 수출을 막아 채권 가격을 올리기도 했다. 하지만 북군

---

* 　영국, 네덜란드, 프로이센 및 하노버 왕국, 브라운슈바이크 공국, 나사우 공국 등이 참여했다.
** 미국 남북전쟁 당시 미합중국으로부터 탈퇴한 남부의 주들이 모여 만든 국가, '아메리카 연합국'이라고도 한다.

이 면화 수출 항구를 봉쇄하고, 영국의 방직업자들이 중국, 이집트, 인도로부터 면화를 수입하면서 면화 보증 채권은 신뢰를 잃고 가치가 없어졌다.

휴지 조각이 되어 버리는 채권

면화 보증 채권처럼 가치를 잃고 휴지 조각이 돼 버리는 채권도 있었다. 특히 19세기 말~20세기 초에 페루, 콜롬비아, 칠레 등 중남미 여러 나라는 경제 상태가 나빠지자 국채를 갚지 못한다는 '채무 불이행'을 선언했다. 주로 유럽의 부유층이 이 나라의 국채를 가지고 있었기 때문에, 채무 불이행 선언은 국제 갈등으로 번지기도 했다. 1882년 영국은 이집트가 채무 불이행을 선언할 징조가 보이자 군대를 보냈으며, 1902년에는 영국, 독일, 이탈리아가 해군을 보내 베네수엘라의 항구를 봉쇄하기도 했다.

'인플레이션'도 채권의 가치를 떨어뜨리는 주요한 원인이었다. 인플레이션이 생기면 물가가 오르고, 화폐 가치가 떨어져 실제 버는 돈은 줄어든다. 물가가 10% 오른다는 것은 돈의 가치가 10% 떨어지는 것과 마찬가지다. 이는 채권으로 매년 10만 원을 벌던 사람이 9만 원밖에 벌 수 없다는 뜻이다. 특히 제1차 세계 대전 이후 불어닥친 극심한 인플레이션은 유럽의 채권 소유자를 빈털터리로 만들어 버렸다. 여러 차례 위기가 있기는 했지만 채권 시장은 전 세계적으로 성장했으며, 오늘날 증권 시장에서 가장 큰 상품이 되었다.

유럽 금융의 중심지가 된 영국

근대적인 증권 거래소는 1724년 프랑스 파리에 만들어졌다. 하지만 18세기 말부터 프랑스 대혁명과 나폴레옹 전쟁으로 유럽 대륙은 혼란에 빠졌고 암스테르담과 파리의 증권 시장 역시 큰 타격을 입었다. 이 틈에 영국은 네덜란드와 프랑스로부터 주식 거래 전문가들을 끌어들였다. 유럽 대륙의 전쟁이 길어지면서 영국의 증권 시장은 크게 성장했다. 하지만 신용불량자, 사기꾼, 빚쟁이 등이 시장에 끼어들어 선량한 투자자가 피해를 보기도 했다. 이를 막기 위해 런던의 중개인과 금융 사업 관련자들이 함께 1773년에 증권 거래소 건물을 지었으며, 1801년에는 회원을 모집하고, 내부 규정을 정한 다음 규칙을 따르는 회원만 증권 거래소를 이용할 수 있도록 했다.

1810년 영국 증권 거래소 내부

기술의 발전과 주식 거래

19세기 이후 통신 수단의 발전으로 증권 거래 방법이 변하기 시작했다. 19세기 중반부터 전기선을 연결해서 신호를 보내는 '전신'이 증권 거래소에 도입되어 각종 정보가 빠르게 도착했으며,

에디슨이 만든 주식 시세 표시기 ©H. Zimmer

1867년 이후 주식의 가격 변화를 빠르게 알려주는 주식 시세 표시기가 등장했다.

또한 1870년대 후반부터는 전화가 보급되어 멀리 떨어진 지역의 증권 거래소에서 거래되는 주식 가격도 바로 알 수 있게 되었다. 그러자 지역 간 가격 차이를 이용하는 '차익거래'도 등장했다. 차익거래는 똑같은 주식이 지역마다 가격이 다를 때 싼 곳에서 사서 비싼 곳에 파는 방식이다. 예를 들어 런던 증권 거래소에서 주식이 100파운드에 거래되고 지방 거래소에서 110파운드에 거래된다면, 같은 주식을 런던에서 사서 지방에 팔면 10%의 이익을 볼 수 있다. 통신 수단이 발전하면서 이런 차익거래는 지역을 넘어 전 세계 증권 거래소에서 가능해졌다. 20세기 초에는 국제적으로 53개 도시의 증권 중개인들이 차익거래에 참여할 수 있었다.

20세기 이후의 주식 시장

제1차 세계 대전이 끝난 후 미국 경제는 크게 성장했고 증권 시장도 활발해졌다. 경제 호황으로 주식 투자 열풍이 불었지만, 1929년 대공황으로 주식 시장을 비롯한 경제 전체가 큰 타격을 입었다. 또한 제2차 세계 대전까지 거치면서 유럽과 미국의 증권 거래소는 크게 줄어들었다. 전쟁이 끝난 후에도 각국 정부는 경제가 불안정해지지 않도록 증권 시장을 통제했고 증권 거래소도 정부와 협력해서 그때까지 가지고 있던 권리를 지키려 했다.

1970년대까지 증권 거래소에서는 회원으로 등록한 중개인, 혹은 금융 회사만 주식을 거래할 수 있었으며 주식 거래를 주선하고 받는 수수료도 정해져 있었다. 이를 '고정커미션제'라고 한다. 경제가 성장하고, 통신 기술이 발전하면서 1975년 미국은 고정커미션제를 폐지하고, 중개인이 수수료를 자율적으로 정하도록 허락했으며, 영국도 1986년 고정커미션제를 폐지하고 런던 증권 거래소를 모든 금융 기관에 개방했다.

오늘날의 채권 시장

세계 경제의 발전과 함께 오늘날 채권은 그 규모가 엄청나게 크다. 정부나 공공기관은 매년 1천 조가 넘는 어마어마한 액수의 채권을 발행하고 있으며, 은행은 막대한 자금을 채권 시장에 투자한다. 이 때문에 채권의 이자율은 다른 이자율을 결정하는 기준이 되며, 채권 시장은 주식, 부동산 등 자산 가치의 토대가 된다. 채권의 수익률은 그 나라의 경제 상태를 알려준다. 만일 경제가 불안하면

국채 가격을 보여주는 전광판 ⓒRaysonho

채권의 수익률이 올라간다. 채권의 수익률이 오르면 이자율도 올라가기 때문에 갚아야 하는 돈의 액수가 늘어난다. 그러면 국가 재정은 더욱 나빠지고, 사람들은 더 불안해져 채권을 내다 판다. 이 결과 채권의 수익률과 이자가 더 오르고, 갚아야 할 돈은 늘어나 불안이 더 커지는 악순환이 계속된다. 이 때문에 모든 국가에서는 채권의 수익률을 관리해서 불안을 해소하려 노력한다.

컴퓨터를 이용한 주식 거래

1970년대 이후 새롭게 생겨난 증권 거래소에서는 컴퓨터를 이용한 주식 거래를 시작했다. 정보통신 기술과 인터넷이 발전하면서 컴퓨터나 전화기로 편안하게 주식을 사고팔 수 있게 되었다. 이제 여러 사람이 모여 떠들썩하게 주식을 사고팔던 모습 대신 주식 시세를 알리는 전광판이 증권 시장 대부분을 차지하게 되었다. 21세기에 들어서면서 언제, 어떤 주식을 얼마에 팔지도 컴퓨터 소프트웨어를 이용

1963년 컴퓨터 도입 이전의 뉴욕 증권 거래소(왼쪽)과 2022년 현재의 뉴욕 증권 거래소(오른쪽, ⓒ Tobias Deml)

해서 결정하기 시작했다. 또한 컴퓨터 소프트웨어를 이용해서 자동으로 주식을 팔고 사는 '로봇 트레이딩' 방식이 주식 거래의 중심이 되어가고 있는데, 로봇 트레이딩은 이제 사람보다 더 많은 이익을 내기도 한다.

동아시아 증권 시장

● 중국의 증권

근대적 기업과 증권 시장

청나라는 1860년대 서양 문물을 도입해서 부국강병을 이루자는 양무운동을 펼쳤다. 이 과정에서 서양식 근대적 기업이 만들어졌는데, '강남제조국', '복주선정국', '천진기지국' 등 주로 무기와 군수품을 생산하는 회사들이 나타났다. 이 회사는 정부에서 소유하고 운영하는 국영기업이었다. 1870년대에 접어들면서 정

윤선초상국을 만들고 양무운동을
주도한 청나라의 정치가 이홍장

부와 민간이 함께 회사를 만들거나, 민간에서 경영하고 정부에서 감독하는 회사가 생겨났다.

1873년에는 최초의 주식회사인 '윤선초상국'이 등장했다. 윤선초상국은 배를 만드는 회사로 정부와 민간이 함께 경영했고, 일반인도 이 회사의 주식을 살 수 있었다. 이후 많은 주식회사가 만들어졌고 일반인의 주식 투자도 활발해져 1891년 상하이에 외국 상인들이 '상하이 주식 중개협회'라는 증권 시장을 열었다. 또한 신해혁명으로 중화민국이 설립된 이후 중국인이 설립한 최초의 증권 거래소 '베이징 증권 거래소'가 1918년에 생겨났다. 이어 상하이에도 증권 거래소를 만들었다. 하지만 1928년 장제스가 중화민국을 다스리기 시작하면서 중국의 기업은 몇몇 재벌 가문의 손에 들어갔다. 4개 집안이 중국 은행의 2/3, 공업의 2/3, 철도나 공장 시설의 80%를 차지했다. 이들이 지배하는 회사는 주식회사이긴 했지만, 가족과 친지들이 주식 대부분을 소유했다.

중화인민공화국과 주식

1949년 중국 공산당이 집권하면서 민간이 소유한 주식회사는 모두 국가 소유로 바뀌었고, 증권 거래소는 모두 문을 닫았다. 하지만 1978년 이후 개혁개방 정책으로 주식과 채권이 다시 모습을 드러내기 시작했다. 1980년대에 접어들면 일반인을 대상으로 주식을 발행하는 회사도 생겨났으며, 국채, 공채, 금융채도 등장했다. 1990년에는 상하이와 선전시에 증권 거래소가 다시 문을 열었으며, 1991년에는 '중국증권협회'가 설립되어 증권업의 관리 기관 역할을 하고 있다. 중국 정부는 1994년 회사법을 만들어 회사의 설립 조건, 조직, 주식 발행과 양도, 회사 채권의 발행 등을 규정했고, 1998년에는 증권법을 만들었다. 2002년부터는 외국 회사가 중국 증권에 투자하는 것을 허용했으며 2014년부터는 상하이 증권 거래소와 홍콩 증권 거래소를 연결해 외국인도 중국 기업의 주식을 마음대로 살 수 있게 되었다. 중국의 증권 시장은 개방 이후 계속 성장해서 2022년 기준 중국 본토의 주식 투자자만 2억 명이 넘었으며, 상하이와 선전에서 거래되는 증권의 액수는 91조 9천 8백억 위안에 달하는 세계 2위의 증권 시장이 되었다.

● 우리나라의 증권

서양식 주식회사의 탄생과 증권의 발행

강화도 조약으로 외국에 항구를 개방한 이후, 새로운 사상과 문물을 적극적으로 받아들이려 했던 개화파 학자와 정치가들은 서양식 회사 설립을 권장했다.

개화파 운동가였던 유길준(1856~1914)은 1882년 일본을 살펴보고 돌아온 후 주식회사의 구조, 주식의 발행과 자금 모집 등을 「상회규칙」이라는 글에서 소개했다. 이어서 1883년 『한성순보』에 발표한 「회사설」에서 "회사란 여러 사람이 자본을 합하여 여러 명의 농공, 상고의 사무를 잘 아는 사람에게 맡겨 운영하는 것"이라 설명하며 서양이 부강해진 기초에 회사가 있었다고 말했다. 조선 조정에서도 회사 설립을 권장해서 1883년 이후 여러 개의 근대적인 회사가 탄생했다.

한편 1897년에 설립된 '한성은행'은 최초로 주식을 발행해 자본금을 모았으며, 대한제국은 1905년 최초로 5년 만기, 연 7%의 이자를 주는 국채를 발행했다.

인천미두취인소의 쌀 투기

일본은 조선의 쌀을 모아 일본으로 수출했고, 이를 위해 1896년 인천에 곡물을 거래하는 '인천미두취인소*'를 만들었다. 원래는 실제 곡식을 팔고 돈을 받는 '현물시장**'이었지만 '청산거래'를 이용한 투기가 성행했다.

인천미두취급소에는 선물과 청산거래로 일확천금을 노리는 투기

---

*   '취인소'는 거래소의 옛 용어이다.

**   계약이 이뤄지면 즉각 돈을 지급하는 시장, 일반적인 상거래가 이루어지는 시장이다.

선도거래, 선물거래, 청산거래, 그리고 투기

보통 거래는 돈을 주면 바로, 혹은 짧은 기간 안에 물건을 받는다. 하지만 미리 돈을 주고 나중에 물건을 받기로 약속할 수도 있다. 예를 들어 어떤 상인이 농부와 '가을에 쌀 1가마당 20만 원에 총 100가마를 사기로' 봄에 계약을 맺고 계약금으로 200만 원을 주었다고 해보자. 이런 방식을 '선도거래'라 하는데, 농부는 가을까지 필요한 돈을 먼저 구했고, 상인은 가을이 지나면 팔 쌀을 미리 확보해 두었기에 둘 다 만족스럽다. 그런데 가을에 쌀값이 25만 원으로 올랐다면 상인은 가마당 5만 원, 총 500만 원의 이익을 더 본 셈이고, 농부는 500만 원 손해가 난 셈이다. 그래도 이미 계약한대로 거래해야 한다. 그렇지만 손해를 보기 싫어하는 농부가 가을에 쌀을 다른 상인에게 비싸게 팔 수도 있으며, 반대로 쌀값이 떨어지면 상인이 계약을 깰 위험도 있었다.

거래소에서 선도거래의 조건과 규칙을 정해 거래가 깨질 위험을 없애고, 거래 절차와 대금 지급 방식을 표준화 한 것이 '선물거래'다. 선물거래는 쌀, 원유, 구리 등의 원자재에서부터 주식과 같은 증권을 사고팔 때 널리 이용된다. 선물거래를 하려면 거래소에 미리 정해진 만큼의 돈(증거금 *)을 맡겨 두어야 하고, 거래소에서 정한 날짜에 반드시 거래해야 한다.

선물거래 계약을 한 후 정한 날짜에 물건을 넘겨주고 돈을 받아 셈을 끝내는 것(청산)을 '청산거래'라고 한다. 그런데 청산할 때 반드시 물건을 주고 돈을 받는 것은 아니었다. 예를 들어 상인 A가 3개월 후 쌀 1가마당 20만 원에 100가마를 상

---

* 인천미두취인소의 증거금은 거래액의 10%이며, 현재 우리나라 주식 선물거래는 15%이다.

인 B에 팔기로 선물계약을 맺었다고 하자. 그런데 그사이 쌀값이 올라 거래 당일 1가마당 25만 원이 되었다. 이러면 상인 A는 B에게 쌀 대신 원래 계약금액과 현재 쌀값의 차이인 500만 원을 주고 거래를 마칠 수 있다. 즉 쌀거래에서 쌀은 오가지 않고, 돈만 오가는 것인데, A는 500만 원 손해를 보고 B는 500만 원 이익을 보았다. 인천미두취인소에서는 이처럼 돈만 오가는 청산거래가 99.5%에 달했다. 사람들은 취인소에 증거금을 맡겨두고 그 열 배의 액수를 도박판처럼 쌀값이 오르거나 내리는데 걸었다.

꾼들이 모여들었다. 큰 부자가 전 재산을 날리고 빈털터리가 되기도 했고, 서로 짜고 쌀값을 조작하는 일도 있었다. 사람들은 "얼빠진 부자의 돈뭉치는 미두 바람에 몽땅 날린다"라고 했다.

증권 거래소의 등장

한성은행의 뒤를 이어 다른 주식회사도 속속 등장했고, 1900년대 초가 되면 주식 거래도 활기를 띠기 시작했다. 하지만 주식을 파는 사람과 사는 사람은 여전히 정해진 거래소 없이 길거리나 다른 가게에서 만나 거래했다.

주식 거래가 늘어나면서 1908년에는 '문두'라는 주식매매 전문 상점이 생겼으며, 1920년에 마침내 최초의 증권 거래소인 '경성주식현물취인시장'이 탄생했다. 이 거래소는 조선인과 일본인이 돈을 모아

만든 회사로, 일본의 주식 시장에서
거래되는 인기 주식과 국내 회사의
주식을 취급했다.

  1931년 일본은 중국 침략을 위한
자금을 모으기 위해 '조선취인소령'
이라는 증권 거래 관련 법률을 만들
었다. 이어서 1932년 인천미두취인소
와 경성주식현물취인시장을 합쳐 '조
선취인소'라는 주식회사를 세웠다.

주식회사 조선취인소(서울역사박물관)

조선취인소에서는 일본의 인기 주식과 조선은행, 조산방직 주식 등
총 27종목이 거래되었다. 당시 조선에는 전쟁 준비를 위한 물자를 만
드는 산업이 활발해 제조업 중심의 주식 거래가 활발했고, 일반인에
게 주식을 팔아 자금을 모으는 '공모*'도 인기를 끌었다. 태평양 전쟁
이 치열해진 1943년 일본은 증권 시장을 전쟁을 치르기에 적합한 형
태로 만들기 위해 조선취인소를 '조선증권취인소'로 변경했고, 이 거
래소는 일본이 패망한 후 문을 닫았다.

* 대중에게 같은 조건으로 주식을 사도록 권유하는 것으로 '일반모집'이라고도 한다.

광복 이후 증권 시장과 거래소

일본이 패망한 후인 1947
년 일제 강점기부터 증권업을
하던 사람들이 모여 '증권구
락부'를 만들어 증권 시장을
살리고자 했다. 1949년에 최
초의 증권회사인 '대한증권'
이 생겨났지만 곧이어 벌어진
6·25전쟁으로 우리나라 금
융 산업은 큰 혼란에 빠졌다.

1949년 발행된 건국국채증서 ⓒ한국학중앙연구원

1956년 '대한증권거래소'가 설립될 때까지 주식 시장은 그저 이름만

전쟁과 적산불하, 지가 증권의 가격을 춤추게 하다

대한민국 정부는 1950년 농지 개혁을 시행했다. 일부 지주가 넓은 땅을 가지고 수많은 농민이 자기 땅 없이 소작을 짓는 구조를 바꾸기 위해 정부는 지주의 땅을 산 다음 농민에게 적절한 가격으로 팔아 자작농을 늘리고자 했다. 지주에게 땅을 사들이면서 정부는 '지가 증권'이라는 국채를 대가로 지급했다. 하지만 바로 한국 전쟁이 발발하면서 피난을 떠난 지주들이 현금을 구하기 위해 지가 증권을 싸게 팔았고, 이 결과 지가 증권의 가격은 원래 가격의 1/10까지 떨어졌다.

지가 증권의 운명을 바꾼 것은 '적산불하'였다. 적산불하는 **적**의 재산을 판다(**불하**)'는 뜻으로, 미군정은 일제가 패망하고 남긴 재산을 모두 몰수해서 개인이나 회사에 싸게 팔았다. 1948년 대한민국 정부는 미군정이 몰수한 적산을 넘겨받아 계속 팔았는데, 이때 사들인 공장과 시설을 바탕으로 탄생한 대기업도 있다. 전쟁이 끝난 후 정부가 적산을 지가 증권으로 살 수 있도록 하자 지가 증권의 가치는 다시 올라갔다. 전쟁 도중 지가 증권을 싼값에 사 두었던 사람은 큰돈을 벌 수 있었다.

지가 증권(국가기록원)

남아있는 정도였고 오히려 지가 증권이나 대한증권 같은 국채가 인기를 끌었다. 전쟁 중에도 여러 증권회사가 새롭게 등장했고, 전쟁이 끝난 후 1953년에는 증권회사의 대표들이 모인 협회도 설립되었다. 대한증권거래소는 1963년 국가에서 관리하는 '한국증권거래소'로 모습을 바꿨다.

증권 시장의 발전

1960년대 이전까지는 제대로 된 회사가 별로 없어서 주식을 가진 사람 숫자가 적었다. 주식과 관련된 법도 아직 만들어지기 전이었기에 이 당시 증권 거래의 70~80%는 국채였다.

1960년대 이후 경제가 발전하면서 증권 시장이 채권 중심에서 주식 중심으로 바뀌기 시작했다. '증권거래법', '자본시장 육성에 관한 법률' 등을 만들어 증권 시장의 기본을 다졌으며, 투기를 막기 위해 주식 청산거래를 금지하고 현물거래만 하도록 했다.

1975년부터는 거래소에 증권을 팔려는 사람과 사려는 사람이 모여 각자 수량과 가격을 말하고, 조건이 맞으면 거래가 이루어지는 '결탁매매'가 사라졌다. 대신 증권 거래소의 창구에 팔거나 사려는 증권의 종목, 수량, 가격을 적어 내면 거래소 직원이 조건에 맞는 것과 연결해 거래가 이루어지는 '포스트 매매' 방식으로 바뀌었다.

1970년대 대한민국 경제가 크게 성장하면서 많은 기업이 외부 투자자에게 주식을 공개적으로 팔아 자금을 모았다. 1972년 대한증권 거래소에 이름을 올려(상장) 거래되던 66개의 기업이 1978년이 되면 356개로 늘어났다.

주가지수와 증권 거래소

1980년부터 우리나라 주식 시장은 '코스피KOSPI, KOrea Composite Stock Price Index'라는 지표를 만들었다. 코스피는 거래소에 상장된 회사의 모든 주식 가격을 기준으로 한다. 1996년에는 중소기업 및 벤처 기업들이 증권 시장에서 자금을 더욱 쉽게 조달할 수 있도록 이들만을 위한 '코스닥KOSDAQ, KOrea Securities Dealers Automated Quotation' 시장을 따로 만들었다.

또한 코스피를 대표하는 200개 회사의 주가를 바탕으로 코스피200 주가지수를 만들고 이를 선물거래의 대상으로 삼았으며, 1999년에는 선물거래를 전담하는 '한국선물거래소'를 세웠다. 2005년에는 한국증권거래소, 코스닥, 한국선물거래소를 통합해 '한국증권선물거래소'를

여의도에 위치한 한국거래소(대한민국역사박물관)

만들었고, 2009년에는 '한국거래소'로 이름을 변경했다. 우리나라의 증권 시장은 2021년을 기준으로 2,356개 회사가 상장되어 있으며, 주식 가격의 총액은 2649조 원에 달하는 세계 13위의 규모로 성장했다.

증권 시장 개방과 거래 방식의 변화

우리나라에서 발행한 증권을 외국인 투자자에게 처음 판매하기 시작한 것은 1981년부터이다. 1992년부터는 외국인도 우리나라 증권 시장에 직접 투자할 수 있도록 했다. 1992년 말 기준으로 4조 1000억 원이었던 외국인 투자자의 국내 주식 보유액은 2021년 말 기준으로는 약 783조 2000억으로 성장했으며, 전체 주식 총액의 29.6%에 달한다.

1990년부터 컴퓨터를 이용한 증권 거래가 시작되었으며, 1997년에는 투자자가 직접 증권회사를 찾지 않고 집에서 컴퓨터를 이용해서 증권을 거래하는 '홈 트레이딩 시스템HTS'이 도입되었다. 2010년부터는 휴대전화로 증권 거래가 가능한 '모바일 트레이딩 시스템MTS'도 보급되기 시작했다. 2021년 현재 MTS는 전체 유가 증권 거래의 약 48% 차지하고 있어 36%를 차지한 HTS를 넘어섰다. 코로나19 등으로 비대면 거래가 일반화되면서 MTS를 이용한 거래 규모는 앞으로 더욱 커질 것으로 예상한다.

오늘날과
미래의 증권업과
증권업 종사자

금융 산업의 성장과 더불어 오늘날에는 금융자산운용가, 투자분석가 등 전문적인 지식과 경험이 필요한 직업이 생겨났다. 이 직업들의 공통점은 돈과 관련된 직업이기 때문에 숫자로 된 지표를 읽는 것에 능숙해야 한다는 것이다. 이처럼 증권업과 관련된 다양한 직업과 그 직업에 필요한 자질을 알아보고 각 직업의 전망을 살펴본다.

오늘날의 증권업과 증권업 종사자

● 증권 거래와 관련된 여러 직업과 자질

증권 중개인

증권 중개인은 개인이나 단체로부터 증권을 사거나 팔겠다는 주문을 받아 증권 거래소에 등록하고, 조건에 맞는 사람을 찾아 연결하여 거래를 성공시킨다. 증권 거래를 위한 정보를 고객에게 제공하고, 고객의 이익을 높일 전략을 세우는 것도 증권 중개인이 하는 일이다. 주로 거래하는 증권의 종류에 따라 채권 매매 중개인, 주식 매매 중개인, 선물 매매 중개인 등 다양하다.

금융자산운영가

흔히 '펀드매니저'라고도 불린다. 이들은 투자를 원하는 개인이나 단체의 돈을 맡아 최대한 수익을 거둘 수 있도록 여러 증권이나 금융 상품에 투자한다. 금융자산운영가가 운영하는 돈의 규모는 수백억~ 수천억 원에 달하고, 한 번의 투자로 엄청난 돈을 벌기도 하고, 때로는 큰 손해를 보기도 한다. 때문에 금융자산운영가는 늘 증권 시장과 세계 경제의 변화에 항상 눈을 기울이고 있다. 금융자산운영가는 자기가 맡은 돈을 얼마나 불렸는지에 따라 성적이 매겨지고 보수를 받는다.

투자분석가와 투자권유대행인

투자분석가는 '애널리스트'라고도 한다. 투자분석가는 증권 시장에 등록된 상장기업의 활동을 분석하여 그 회사에서 발행한 채권이나 주식의 가치를 평가한다. 분석과 평가를 바탕으로 앞으로 그 기업의 증권이 오를지, 내릴지를 예측해서 고객에게 어떻게 투자해야 할지를 알려준다.

투자권유대행인은 증권회사와 계약을 맺고 투자를 원하는 사람을 만나 금융투자상품을 소개하고 판매하는 일을 하는 사람이다. 증권 중개인과 비슷한 일을 하지만 위험성이 큰 파생상품 등에 대한 투자 권유나 매매는 할 수 없다.

증권업 종사자의 자질

기본적으로 증권업 종사자는 경제의 흐름을 읽는 눈이 탁월해야 한다. 또한 경제 상황을 보여주는 금리, 환율, 물가 등의 지표를 읽어 내는 분석력과 수리 능력이 필요하다. 때로는 금융자산운영가 같이 고객의 돈을 맡아서 운영하는 경우도 있기 때문에 강한 책임감과 탁월한 윤리 의식이 필수적이며 스트레스에 잘 견디는 강한 정신력도 중요하다. 증권업 종사자는 다양한 사람을 만나 자신의 분석과 예측을 잘 전달하고 설득해야 하기 때문에 사교적이고 대인관계에 능숙해야 한다.

미래의 증권업과
증권업 종사자

기술 발달과 증권업의 변화

증권업 관련 직업은 국내외 증권 시장의 상황에 따라 숫자가 크게 바뀐다. 경제가 호황이면 증권 거래가 활발하게 일어나 관련 일자리가 늘어나지만, 경기가 나빠져 산업이 수축하면 증권 관련 거래와 일

이제는 스마트폰을 통한 증권 거래가 활발히 이루어지고 있다.

자리는 줄어든다. 하지만 인터넷이나 스마트폰을 이용한 비대면 증권 거래의 비중이 증가하면서 경제 상황과 관계 없이 증권회사 창구에서 직접 고객을 만나

는 증권업 종사자는 조금씩 줄어드는 추세이다. 증권 거래 사업체도 2011년 이후에는 매년 숫자가 줄어들고 있으며, 증권업 종사자 수는 2029년에는 지금보다 1~2% 정도 적어질 것으로 예측한다(「한국직업 전망 2021」, 한국고용정보원).

4차 산업혁명과 금융업

정보통신 기술이 다른 산업과 결합해서 새로운 형태의 상품과 서비스를 만들어 내는 것을 흔히 '4차 산업혁명'이라고 부른다. 4차 산업혁명을 주도하는 중요한 정보통신 기술은 많은 데이터를 모아 분석해서 의미를 찾는 빅 데이터, 인간의 지능을 흉내 내서 복잡한 계산과 과제를 대신하는 인공지능, 정보를 네트워크에 분산해서 저장하고 관리하는 블록체인, 사람과 사물 또는 공간에 작은 컴퓨터를 설치해서 인터넷으로 연결하는 사물인터넷 등이 있다. 이 외에도 인간의 신체적, 행동적 특징을 자동으로 추출해서 개인을 구별하거나 인증하는 생체인증기술이 금융 관련 산업에 활용된다. 은행, 보험, 증권 등 모든 금융 산업에서

정보통신 기술의 발전으로 이전보다 많은 데이터를 분석해 사용자에게 필요한 금융 서비스를 제공한다.

정보통신 기술을 바탕으로 하는 새로운 서비스가 등장하고 있다.

신기술을 이용한 증권 거래

증권 거래를 할 때 인공지능을 이용하여 어떤 주식을 사고파는 것이 좋은지 자동으로 알려주는 '로보-어드바이저(로봇과 자문가의 합성어)' 서비스가 등장해 앞으로 더욱 발전할 것이다. 지금까지 전문가에게 투자 자문을 받으려면 비싼 비용을 지불해야 했다. 그래서 큰돈을 투자하는 몇몇 사람만 이용할 수 있었다. 하지만 인공지능과 컴퓨터 소프트웨어를 사용한 로보-어드바이저는 누구나 손쉽게 이용할 수 있으며, 컴퓨터와 모바일 기기 등에 익숙한 젊은 세대가 활발히 이용할 것이다. 앞으로는 기술 변화를 적극적으로 받아들여 새로운 서비스를 발굴하는 금융 서비스만이 살아남을 것이며, 증권 중개인 등 관련 직업을 가진 사람들도 정보통신 지식과 기술을 갖추어야만 성공할 수 있을 것이다.

어떻게 증권업 종사자가 될 수 있나요?

우리나라의 증권회사와 증권업 종사자 현황

2021년 말을 기준으로 우리나라 증권회사는 총 48개이며, 국내에 진출한 외국 증권회사는 11개이다. 국내에 있는 증권회사의 지점과 영업소는 모두 918개이다. 증권회사 직원과 투자권유대행인을 합치면 38,830명인데 이 중 증권회사 직원은 27,111명이다(금융통계정보시스템 https://fisis.fss.or.kr/ 참고). 증권회사는 아니지만, 우리나라 증권거래 시장인 한국거래소에는 2021년 말 기준으로 931명이 근무하고 있으며 매년 50명 내외의 신입사원을 뽑는다.

증권업 종사자가 되는 법

증권회사는 저마다 기준에 따라 직원을 뽑으며 보통 대학이나 대학원 졸업 학력이 필요하다. 회사와 모집 분야에 따라 특별한 분야를 전공한 사람을 뽑기도 하지만, 일반적으로는 전공 제한이 없다.

증권 중개인, 금융자산운용가, 투자분석가 모두 대학에서 경영학, 경제학, 회계학, 통계학이나 금융공학 등을 전공하면 더 좋으며 석사 학위 이상을 요구하는 증권회사도 있다.

하지만 무엇을 전공했는지보다는 금융 기관이나 금융 관련 회사에서 일한 경력이 더욱 중요하다. 특히 금융자산운용가가 되려면 일정 기간 펀드를 운용한 경력이 있어야 한다. 투자분석가는 다양한 기술 관련 산업과 회사를 분석해야 해서 이공계 출신도 많이 채용한다.

증권회사에 취업하는 데 도움이 되는 자격증도 있다. 특히 회계, 세무, 재무 등에 관한 전문적인 지식을 가진 '공인회계사CPA'와 기업의 재산 상태를 분석하고, 어디에 투자할지 판단하는 '공인재무분석사 CFA' 자격이 있는 사람은 우대받는다. 이 두 자격증 시험은 매우 어렵기에 오랫동안 준비해야 한다. 또한 변호사나 세무사 자격증이 있는 사람도 증권회사에서 환영받는다.

INSURANCE

3부

위험을 관리하고 피해를 보상하는
보험업 종사자

INSURANCE

보험업의
탄생과 변화

인류는 살아가면서 마주하는 위기로부터 자신을 보호하기 위해 공동체를 이루고 그 안에서 서로를 도와왔다. 자연재해, 질병, 사고 등으로 피해를 본 사람을 돕기 위한 비용을 마련하기 위해 여러 사람이 돈을 함께 모아두었다. 이것이 바로 보험의 시초이다. 초기에는 은행가가 보험 상품을 만들어 거래했지만 16세기 무렵에 전문적인 보험 중개인이 나타나 다양하고 복잡해진 보험 계약을 관리하고 판매했다.

동아시아에는 국가 차원에서 백성을 돕기 위한 구휼 제도가 있었다. 하지만 이는 보험이라고 보기는 어렵다.

보험의 탄생

위험을 관리하고 피해를 보상하는 보험업 종사자

인류는 공동체를 꾸리면서 어려운 처지에 빠진 사람을 도왔다. 사람들은 위험을 체계적으로 관리하고 손해를 복구하기 위해 여러 사람이 미리 돈을 모아 두었다가 사고를 당한 사람에게 주는 방법을 고안해 냈다. 이것이 바로 '보험'이다.

멀리 배를 타고 교역하는 상인이 사고로 상품을 잃어버리면 그 손해를 복구하는 '해상 보험'을 시작으로 화재로 입은 손해를 보상하는 '화재 보험', 자신이나 가족의 죽음에 대비하는 '생명 보험' 등이 생겨났다. 19세기 말부터는 국가가 국민의 안전을 보장하기 위한 '사회 보험'을 운영하기 시작했다. 오늘날 보험은 더욱 다양해졌으며, 여러 가지 전문 역량을 가진 사람들이 보험업에 종사하고 있다.

보험과 보험업

사람은 태어나서부터 질병이나 사고 등 수많은 위험에 부닥친다. 그래서 경제생활을 하거나, 자기 소유 재산이 있는 사람은 대부분 한 개 이상 보험을 들고 있다. 이런 보험을 담당하는 곳이 '보험 단체'이 다. 보험 단체는 보험 들 사람(보험 계약자)을 모으고, 이들에게서 다 달이 돈(보험료)을 거두고, 약속한 조건에 맞으면 돈(보험금)을 내준 다. 보험 단체 중에서 민간에서 보험을 운영해서 돈을 버는 곳은 '보 험회사'이다. 보험 관련 일을 통틀어 '보험업'이라 하며, 이 일을 직업 으로 하는 사람이 '보험업 종사자' 또는 '보험업자'이다.

고대의 위험 관리

기원전 3천여 년 전 메소포타미아에서는 멀리 떨어진 지역과 상거 래가 활발했다. 상인은 돈을 빌려 배를 마련하고, 교역 물품을 준비해 서 멀리 길을 떠났는데 당시 장거리 교역은 여러 가지 위험이 따랐다. 상인들은 강도의 습격을 받아 물건을 빼앗기기도 하고 배를 타고 떠 난 바닷길에서 풍랑을 만나 배와 상품을 모두 잃어버리는 일도 잦았 다. 간신히 살아 돌아간다 해도 교역을 준비하면서 빌린 돈을 갚지 못 하면 자신은 물론 가족까지 노예로 팔려 갔다. 상인은 이런 위험을 줄 이기 위해서 강도나 풍랑을 만나 물건을 잃어버린 경우에는 돈을 갚 지 않아도 된다는 조건으로 거래 자금을 빌렸다. 대신 무사히 거래를 마친다면 원금은 물론 정해진 이자보다 더 많은 돈을 갚았는데 이것이 일종의 '보험료'였다.

이처럼 보험은 아니지만, 사람이 생활하면서 겪는 여러 위험을 줄이기 위한 '위험 관리' 제도가 있었다. 함무라비 법전에는 건설업자가 집을 잘못 지어 집이 무너지거나, 배 만드는 목수가 잘못해서 배가 부서지면 수리하거나 새롭게 만들어 줘야 한다고 정해 두었다. 만약 선원이 실수해서 배와 상품이 파손되면 선원은 이를 다 배상해야 한다.

바다 무역을 할 때에는 여러 지역을 다니면서 차례대로 짐을 실었다. 무역 중에 배가 침몰하려고 하면 짐을 버려 무게를 줄여야 할 때도 있었다. 기원전 1500년~기원전 300년 사이 지중해의 바다 무역을 주름잡은 페니키아인들은 배의 침몰을 막으려고 버린 짐의 값어치만큼을 나중에 배에 짐을 실은 모든 사람이 공평하게 나눠 부담했다.

모험 대차

배에 화물을 싣고 거래 지역으로 항해하다가 풍랑을 만나 침몰하면 배 주인(선주)과 화물의 주인(화주)은 큰 손해를 입었다. 이런 위험을 줄이기 위해 그리스와 로마의 선주와 화주는 '모험 대차'라는 방식을 고안했다. 선주나 화주는 항해 시작 전에 배를 담보로 하거나(선박 저당) 화물을 저당 잡히고(선하 저당) 돈을 빌렸다. 훗날 배가 무사히 돌아오면 원금과 이자를 갚았지만, 사고가 나면 빚을 갚지 않아도 되었다. 이 방식으로 돈을 빌려주면 받지 못할 위험성도 컸기 때문에 '모험'이라는 단어가 붙었다. 모험 대차는 사고가 나면 손해를 채권자가 짊어진다는 점에서 선주와 화주에게 일종의 보험과 같은 역할을 했다.

장례식과 유가족을 돕는 콜레기아

기원전 3세기경 그리스의 종교 모임인 '에라노이'는 형편이 어렵거나 장례를 치러야 하는 회원을 도와주었다. 마찬가지로 로마에는 일종의 조합 또는 사교 클럽 같은 '콜레기아'라는 조직이 있었다. 주로 상인, 군인, 종교인이 모여 콜레기아를 만들었는데, 회원들은 돈을 모아 두었다가, 한 명이 사망하면 장례식 비용을 지원하고 유가족에게 경제적인 도움을 주었다. 에라노이와 콜레기아는 지정한 사람이 사망하면 일정한 보험금을 지급하는 '생명 보험'과 비슷한 점도 있었지만, 보험이라기보다는 서로 돕는 모임인 '상조회'와 더 유사하다.

중세 이후
서양 보험업의 발전

길드의 역할

중세에는 길드가 보험과 같은 위험 관리와 보호의 기능을 했다. 길드는 돈을 모아 두었다가 길드 회원이 죽으면 장례를 치러주고 유가족을 도와주었다. 그뿐만 아니

와인 상인 길드의 회의 모습

라 화재나 홍수가 닥치거나, 강도를 당해 재산의 손해를 본 회원이 다시 사업을 시작할 수 있도록 지원해 주었다.

연금 제도의 도입

중세 교회에서는 은퇴한 성직자의 생활을 돕기 위한 '연금' 제도가 등장했다. 연금은 국가나 단체에서 오랫동안 일한 사람이 물러나면 일정 금액을 사망할 때까지 정기적으로 지급해서 노후 생활을 돕는 것이다. 수도사는 수도원이나 교회에 일정 금액을 내는 대신, 은퇴한 후 매년 정해진 액수를 받았다. 국가나 왕실은 귀족과 계약해서 연금을 지급했다. 예를 들어 왕은 귀족으로부터 군대를 지원받는 대신 매년 일정 금액을 귀족에게 연금으로 지급했다. 연금 계약을 하고 돈을 냈는데 금방 사망하면 손해이기 때문에, 만일 일정 기간 내에 연금 가입자가 사망하면 낸 돈 일부를 상속자에게 유산으로 물려줄 수 있었다.

현대 보험의 토대가 된 변형 모험 대차

13세기 초 교황이 돈을 빌려주고 이자를 받는 행위를 금지하면서 모험 대차가 불가능해졌다. 그러자 사람들은 기존의 모험 대차 방식을 활용한 '변형 모험 대차'를 고안했다. 교역을 떠나는 상인이 은행가에게 일정한 비용을 내면 은행가는 상인이 준 돈보다 더 많은 금액의 물건을 샀다는 계약서를 가짜로 써 주었다. 항해가 무사히 끝나면 이 계약서를 없애 버렸지만, 만일 배가 침몰하면 은행가는 계약서에서 약속한 금액을 상인에게 주었다. 이때 상인이 은행가에게 내는 비

변형 모험 대차, 가짜 계약으로 보상해 주는 방법

① 상인 A가 교역을 떠나면서 은행가 B에게 10만 원을 준다(보험료).

② 은행가 B는 배에 실린 상품을 상인으로부터 30만 원에 샀다는 계약서를 써 준다(보험금). ⇨ 상품 가격은 20만 원이라고 가정하자.

③-① 무사히 교역을 마치면 A와 B는 계약서를 없애 버린다. ⇨ 은행가 B는 10만 원(보험료)을 번다.

③-② 침몰 등 사고로 교역에 실패하면 은행가 B는 계약서에 따라 상인 A에게 30만 원을 준다.

  ⇨ 은행가 B는 20만 원 손해(보험료 +10만 원, 보험금 -30만 원, 10-30=-20)

  ⇨ 상인 A는 손해 없음(보험료 -10만 원, 상품 -20만 원, 보험금 +30만 원, -10-20+30=0)

위의 예시만 보면 은행가가 손해를 보는 것처럼 보인다. 하지만 계약하는 상인이 많으면 많을수록 은행가는 돈을 번다. 예를 들어 10명이 같은 계약을 하고, 교역 중 사고가 날 확률이 20%라면, 은행가는 40만 원을 번다고 기대할 수 있다.

⇨ 은행가 B는 계약서 10건을 써 주고, 하나당 비용 10만 원씩 총 100만 원을 받는다.

⇨ 10건 중 항해 실패한 2건에 대해 각 30만 원씩 60만 원을 내준다. 이익은 40만 원이다(+100-60=40)

계약자와 계약자로부터 받는 돈이 많을수록 은행가는 더 이익을 볼 수 있지만, 사고 확률이 높거나 한 번에 내주는 돈이 너무 많으면 손해를 볼 수도 있었다. 이 관계를 잘 계산해야만 성공할 수 있었다.

중세에는 시장에서 모험 대차를 비롯한 보험 계약을 했다.

용이 '보험료'이고, 은행가가 상인에게 주는 돈이 '보험금'이다. 13세기 말 이탈리아 제노바의 은행가들이 퍼트린 변형 모험 대차는 당시 국제 교역의 중심지였던 이탈리아 북부 도시에서 크게 번성했으며, 현대적인 보험의 토대가 되었다.

보험 관련 법령과 규제

중세의 보험업 종사자는 보험업에 투자할 만큼 재산이 두둑한 상인이나 은행가, 고리대금업자였고, 때로는 귀족도 있었다. 이들은 보험의 조건을 이용해서 보험료를 비싸게 받고, 보험금은 적게 내주는 등 탐욕을 부렸다. 반대로 보험을 이용하는 상인들은 일부러 사고를 내거나, 거짓으로 물건을 잃어버렸다고 신고한 다음 보험금을 받아갔다.

정부는 보험업 종사자가 보험료를 과하게 받거나 보험 계약자가 거짓으로 보험금을 가져가지 못하게 하도록 각종 법률과 제도를 만들기 시작했다. 제노바는 1369년에 보험 관련 법을 만들었고, 이탈리아에서는 1435년 '바르셀로나 조례'를 통해 보험금의 총액을 보험에 든 물건 가치의 3/4까지만 허용했으며, 한 물품으로 여러 개의 보험을 들지 못하게 제한했다.

이후에도 해상 보험 관련 법률과 제도는 계속 수정되고 발전했다. 육로로 상품을 나르는 것은 해상 운송보다 상대적으로 안전했으며, 각 지역의 군주나 귀족으로부터 보호받을 수 있었기 때문에 육상 운송 관련 보험은 해상 운송 관련 보험에 비해 발전이 느렸다.

전문적인 보험 중개인의 활약

상업이 발달하면서 보험업의 규모가 커지고 복잡해지자 피렌체와 베네치아에는 보험 계약을 전문으로 하는 대리인이 등장했다. 이들은 보험에 들려고 하는 사람과 보험업자를 연결해 주는 것뿐 아니라 '보험 계약자(보험에 든 사람)'가 보험료를 제대로 낸다는 것을 보증했다.

또한 보험 중개인은 체계적인 '보험 계약서'를 만드는 것은 물론 보험금 액수는 적당한지, 화물을 나르는 배의 상태는 어떤지, 선장의 능력과 평판은 어떤지 등을 살펴야 했다. 만일 배가 침몰했다는 소식이 들려오면 중개인은 정말로 침몰한 것인지, 아니면 누군가 거짓을 퍼트린 것인지를 확인하고, 사고를 증명해야 했다. 그래서 보험 중개인은 해적의 활동, 전쟁의 발발과 휴전, 해안과 항로의 특징, 보험 계약자와 보험업자의 재정 상태 등 다양한 정보를 항상 점검해야만 했다.

보험 중개인이 믿음직스러워야 보험이 성공할 수 있었다. 이 때문에 16세기 영국 상인도 전문적인 지식을 갖춘 대리인을 내세워 보험 판매와 계약을 맡겼다.

생명을 대상으로 하는 보험과 연금

15세기가 되면 배나 화물뿐 아니라 사람의 생명을 대상으로 하는 보험도 생겨났다. 처음 만들어진 것은 해적에게 납치되었을 때 몸값을 내주는 '납치 보험'과 노예의 생명을 대상으로 하는 보험이었다. 상인은 배를 타기 전에 자신이 납치되면 일정한 한도 내에서 몸값을 내주는 보험 계약을 하고 보험료를 냈으며, 노예는 화물처럼 보험 대상이 되어 항해 중 노예가 사망하면 주인이 보험금을 받았다.

'생명 보험'이 본격적으로 등장한 것은 17세기였다. 17세기 말 프랑스에서는 '톤틴 연금'이 등장했다. 이 연금은 돈을 낸 사람을 나이에 따라 몇 개의 집단으로 구분한 다음, 집단마다 각각 일정한 돈을 배정했다. 그 돈을 집단에 속한 가입자가 다시 나눠 연금으로 받았는데, 만일 자기가 속한 집단의 누군가가 사망하면 가질 수 있는 돈이 많아졌다. 이 때문에 톤틴 연금은 다른 사람의 죽음을 기뻐하게 만든다는 비난을 받았고 1763년에 폐지되었다.

화재 보험의 출발

화재 보험은 불이 나서 입은 손해를 보상해 주는 보험이다. 화재 보험이 본격적으로 등장한 것은 1666년 9월 런던을 휩쓴 대화재 때문이었다. 9월 2일부터 4일간 계속된 화재는 13,200채의 집과 성 베드로 대성당 등 건축물을 파괴했고, 집을 잃은 수많은 사람이 길거리에 나앉았다.

니콜라스 바본이라는 건설업자는 대화재 후 런던을 복구하는 사업을 벌였다. 그러다가 화재를 대비하는 보험에 관심을 가지게 되어 1680년부터 동료와 함께 '주택보험사무소'를 열고 런던 주민에게 화재 보험을 제공하기 시작했다.

런던 대화재 이후로도 몇 차례 크고 작은 화재를 겪은 시민들은 화재를 매우 두려워하게 되어 화재 보험은 큰 인기를 끌었다. 1710년 찰스 포베이는 '런던 보험회사'라는 최초의 화재보험회사를 세웠으며 이 회사는 빠르게 성장해서 영국 전체로 확장되었다.

생명 보험의 아버지, 천문학자 핼리

혜성 연구로 유명한 천문학자 에드먼드 핼리(1656~1742)*는 '생명 보험의 아버지'라는 별명도 가지고 있다. 그는 브레슬라우시**에

---

*   핼리가 발견한 혜성은 그의 이름을 따서 '핼리 혜성'이라 불린다.
** 지금의 폴란드 브로츠와프라시

에드먼드 핼리의 사망표

서 보관하고 있는 출생과 사망에 관한 기록을 분석해서 1693년 나이에 따른 사망자 수를 '사망표'로 만들었다. 생명 보험업자들은 이 표를 이용해서 보험료를 계산했다. 보험 계약자의 나이가 많을수록 짧은 기간 안에 사망할 확률이 높아서 보험료를 내는 기간이 짧은 대신 보험료가 비쌌다. 반대로 젊은 이는 보험료를 오랫동안 낼 가능성이 커 보험료가 낮았다. 이렇게 해야 보험금을 주고도 보험업자가 이익을 볼 수 있었다. 핼리의 사망표는 여러 통계학자가 손을 보아 더욱 발전했으며, 요즘에도 각국 정부에서는 공식적으로 그 나라 국민의 연령별 생존율, 사망률 등을 공개한다.

생명 보험회사의 탄생

1762년 영국에는 세계 최초의 근대적인 생명 보험회사 '에퀴터블 생명 보험회사'가 탄생했다. 이 회사는 통계학을 이용해서 예측한 기대 수명을 토대로 보험 계약자의 나이마다 보험료를 다르게 정했다. 또한 생명 보험에 가입할 때 건강 상태를 검사하고, 가입 보험금액을 제한하고, 중간에 가입을 취소하면 일정 금액을 돌려주는 등 다양한 방식을 도입했다. 이 회사의 운영 방식은 이후 생명 보험회사의 표준이 되었다.

에퀴터블 생명 보험회사 건물

영국의 근대적인 해상 보험

국제 교역의 중심지였던 영국 런던에는 수많은 상인과 은행가들이 모여 있었다. 이들은 각종 거래와 상담을 하는 장소로 '커피하우스'를 이용했다. 그 중에서도 템스 강변의 로이드 커피하우스는 항해와 관련된 일을 하는 사람들이 모여 각종 정보를 교환하는 곳으로 이름이 높았다.

로이드 커피하우스의 주인 에드워드 로이드는 커피하우스 벽에 각종 선박의 출발 시간, 목적지, 도착 날짜 등을 적은 쪽지를 붙여 두었는데, 이 정보가 큰 인기를 끌었으며 나중에는 '로이드 리스트' 라는 이름으로 일주일에 세 번씩 발행했다*. 로이드는 보험업자 역할도 하기 시작해서, 작은 종이slip에 보상 내용을 쓴 다음 그 아래 서명했는데underwriting, 지금도 보험의 내용을 자세히 기록한 청약서를 '슬

* 로이즈 리스트는 지금도 나온다. https://lloydslist.maritimeintelligence.informa.com/ 에서 볼 수 있다.

오늘날 런던 로이즈 건물, 회사가 아닌 보험 업자들이 모여 거래하는 거래소이다. ⓒLloyd's of London

립', 보험회사가 보험금 지급을 약 속하는 것을 '언더라이팅'이라 한 다. 로이드 커피하우스에는 해상 보험을 팔기 위해 여러 보험업자나 보험 중개인이 모여들어 활기를 띠 었다.

1720년 영국 국왕은 '로열 익스 체인지 보험회사'와 '런던 보험회 사'라는 두 회사에 화재, 해상, 생명 보험 사업을 할 수 있는 면허를 주 었으며, 이 회사 외에 다른 어떤 회

사도 보험 사업을 못 하게 했다*. 하지만 두 회사는 주로 화재 보험을 다루고, 생명 보험과 해상 보험은 취급하지 않았다. 그래서 해상 보 험의 90%는 로이드 커피하우스에서 개인 보험업자를 통해 이루어졌 다. 에드워즈 로이드가 죽고 난 후 커피하우스를 드나들던 보험 중개 인과 보험업자들은 회비를 내고 '로이드 협회'를 만들었다. 로이드 협 회는 훗날 세계 최대의 보험 거래소인 '런던 로이즈'가 되었다.

* 법에 다른 '회사'만 보험 영업을 할 수 없도록 해 두었기에, 회사가 아닌 '개인'은 보험 영업이 가능했 다. 그래서 로이드 커피하우스의 개인 보험업자들은 해상보험을 계속 팔 수 있었다.

재보험과 선급

런던 로이즈 거래소에서는 많은 보험회사가 '재보험' 계약을 한다. 재보험이란 보험회사가 다시 보험에 드는 것이다. 재보험은 14세기 무렵의 해상 보험에서 처음 모습을 드러냈다. 해상 사고에 대비한 보험의 규모가 커져 한번 사고가 나면 막대한 보험금을 내주느라 보험회사가 망할 지경에 이르자 보험회사는 다른 보험회사에 자기가 맡은 보험의 전부나 혹은 일부를 보험에 들었다. 그러면 사고가 나도 혼

'선주'는 배가 침몰하면 1000억 원의 보험금을 받기로 하고 '보험회사 A'와 계약을 하고 보험료를 낸다. '보험회사 A'는 1000억 중 500억 원의 보상책임을 다른 '보험회사 B'가 부담하도록 B와 보험 계약(재보험)을 하면서 B에 일정한 보험료를 낸다. 보험회사 B는 다시 다른 '보험회사 C'에 이 중 일부를 재보험에 든다. 만일 배가 침몰하면 보험금은 여러 보험회사에서 나누어 내기 때문에 보험회사는 위험을 분산할 수 있다.

자가 아니라 여럿이 나눠 보험금을 지급해서 한 회사가 져야 하는 부담을 줄일 수 있었다. 19세기에 들어서면서 활발해져 재보험만을 전문으로 하는 회사도 등장했다.

해상 보험에서는 생명 보험 계약 전에 보험 가입자의 건강 상태를 검사하듯이, 배의 상태를 미리 점검했다. 이를 위해 전문적으로 배를 검사해서 배의 등급을 정하는 '선급' 회사도 등장했다. 로이드 협회에

모인 전문가들은 1760년 '선급 협회'를 만들어 배의 상태를 보증하기 시작해 훗날 '로이즈 선급'이 되었으며, 이어 19세기에 프랑스와 미국, 노르웨이 등에서 선급 회사가 등장했다.

오늘날 로이드 선급 협회의 로고

동아시아 보험

● 중국의 보험

중국의 구휼 제도

유교 사상에 뿌리를 둔 중국에서는 백성의 고난을 덜어주는 것이 군주의 의무였다. 특히 농업을 중심으로 하는 사회에서 가뭄이나 홍수, 또는 다른 재앙으로 흉년이 들어 먹을 것이 떨어지는 것은 국가의 존립을 좌우하는 중대한 문제였다.

주공은 구제 제도를 만들어 가난한 백성을 구제하고 어린 조카 성황을 보좌하여 주나라를 안정시켰다.

주나라를 세운 무왕의 동생 주공은 "3년 동안 먹을 양식이 없는 나

라는 나라가 아니다, 반드시 3년 치 식량을 준비해 두어야 한다"라고
했다. 그래서 '위적', '상평창', '의창' 등을 세워 식량을 저장해 두었다
가 흉년이 들면 백성에게 빌려주거나 나눠주었다. 공자의 뒤를 이어
유학을 발전시킨 맹자는

> "나이 들어 아내 없는 사람을 '환'이라 하고, 남편 없는 사람을 '과'라
> 하고, 자식 없는 것을 '독'이라 하고, 어려서 아비 없는 것을 '고'라 한
> 다. 이 네 부류의 사람들은 세상에 가장 곤궁한 사람이며 어디 호소
> 할 데도 없다. 문왕은 어진 정치를 펼 때 반드시 이들을 돌보았다."
>
> —『맹자』「양혜왕 장구 하」

라고 가르쳤다. 그래서 군주는 '환과독고'를 먼저 살폈으며, 이들을
돕는 '광혜창'을 따로 만들기도 했다.

서로 돕는 상조 제도

국가의 보호가 미치지 못하는 데는 마을의 공동체나 모임에서 자
체적으로 도움을 주었다. 춘추 전국 시대 이후 다섯 집이 하나의 단
위로 서로 돕는 제도가 있었으며, 한나라 이후에는 '단'이라는 모임이
있었다. '단'은 원래 신성한 제사 터를 뜻하는데, 마을 사람들이 여기
모여 서로의 이익과 보호를 위한 모임을 만들었다. 단은 자체적으로

돈을 모아 구성원 중 '환과독고'를 돌보았다.

송나라 때에는 마을 자치 제도인 '향약'이 생겨났다. 향약 중에는 어려운 일이 생겼을 때는 서로 돕는다는 '환난상휼' 규칙이 있었다. 하지만 구휼 사업이나 상조 제도는 서로 알지 못하는 여러 사람이 자신의 이익과 보호를 위해 돈을 내고, 그 돈으로 위험에 대처하는 '보험'에 꼭 들어맞지는 않았다.

● 우리나라의 보험

국가 주도로 이루어진 구휼

우리나라 왕조 시대 군주들도 비상시를 대비해서 상평창, 의창, 사창 등에 곡식을 저장해 두고 흉년으로 힘든 백성을 도왔다. 봄에 나라에서 곡식을 빌렸다가 가을걷이 이후에 갚는 '진대', 흉년이 들면 백성에게 식량, 소금, 의복 등을 나눠주는 '진휼', 일정한 장소에서 밥이나 죽을 잔뜩 지어 굶주린 백성을 먹이는 '시식', 병자를 따로 모아 치료하는 '구료' 등이 있었다. 또한 연고자가 없는 사망자는 국가에서 장례를 치러주기도 했다. '혜민서'와 '활인서'와 같은 기관에서는 백성의 병을 치료하고 약을 보급했다.

다양한 상조 활동

삼국 시대 이래 우리나라의 전통적 상조 모임은 '계'이다. 같은 마을에 사는 사람을 중심으로, 목적에 따라 여러 종류의 계를 만들고 여유 자금을 모았다가 어려운 일을 당한 계원을 도와주었다. 마을의 농민은 모내기, 김매기 등을 할 때 내 땅과 남의 땅을 구분하지 않고 함께 도왔는데 이를 '두레'라고 한다. 함께 일을 마친 다음에는 각 농가의 땅 넓이와 농사에 참여한 가족 숫자를 계산해서, 적게 일한 집은 돈을 추가로 내놓고, 많이 일한 사람은 임금을 받았다. 전통적인 상조 활동으로 지금까지도 이어지고 있는 계와 두레는 위험을 관리하는 역할을 하기는 했으나 보험과는 달랐다.

전문적으로
발전하는 보험업

근대에 들어서 비로소 은행가는 보험업에서 손을 떼고 그 자리에
보험 전문인과 보험회사가 자리 잡았다. 특히 19세기에는 국가
가 주도하는 '사회 보험'이 처음 모습을 드러내기도 하였다. 동아
시아에는 서양식 문물이 도입되면서 서양식 보험회사도 많이 생
겨났다. 우리나라에서는 소를 대상으로 한 최초의 근대적 보험을
시작으로, 경제 발전과 함께 보험의 종류와 보험업의 규모가 늘
어났다.

근대 이후
서양 보험의 발전

사회 변화와 보험의 발전

산업혁명을 거치면서 경제가 발전하고 상공업이 활발해졌다. 사회가 발전하면서 보험도 다양해졌으며 보험 계약을 할 때 따져야 할 것도 많아졌다. 이러자 보험 계약의 원칙을 설계하고 내용을 만드는 보험 전문가들이 등장했다. 기존에 보험 사업을 하던 은행가들은 보험 사업에서 손을 뗐고 보험만 전문으로 하는 회사들이 자리 잡았다.

보험업이 성장하면서 함부로 보험을 팔았다가 보험금을 제대로 주지 못하는 보험업자도 많았다. 또한 보험 계약자가 거짓으로 사고를 꾸며 보험금을 타가는 일도 있었으며, 법정에서 보험금을 두고 다툼도 잦았다. 이런 보험업자와 보험 계약자 사이의 갈등과 이해관계를 조정하기 위해 정부는 각종 법률과 제도를 만들었다.

통계학의 발전으로 보험료를 계산하는 방식은 더욱 정교해졌고, 산업화 이후 매달 보험료를 낼 수 있는 중산층의 숫자가 늘어난 점도 보험업의 발전에 큰 힘이 되었다.

거짓 해양 사고로 보험금 타기

사고가 난 이유나 내용을 속여 보험금을 타내는 일을 '보험 사기'라고 한다. 산업 혁명 이후 19세기 영국은 전 세계의 바다를 지배했으며, 모든 배의 절반 이상이 영국산이었다. 해상 활동과 배의 숫자가 늘어나면서 침몰 사고와 사망자도 증가했다. 침몰 사고의 원인은 주로 낡은 배에 너무 무거운 짐을 실어서였다. 하지만 당시에는 화물을 얼마나 싣는지를 제한하는 법이 없었고 선주는 배가 침몰해도 보험에 들었다면 이익을 볼 수 있었다. 그래서 무리해서 짐을 싣는 것은 물론 배의 값어치를 부풀려서 보험에 든 후에 일부러 침몰시키기도 했다.

사고가 나도 보험회사는 정확한 원인을 조사하기 힘들었고, 재판을 통해 거짓을 증명하려 해도 보험금보다 소송 비용이 더 들었다. 게다가 선주는 사고 원인을 꼬치꼬치 따지는 보험회사를 이용하지 않았기에 그냥 흐지부지되는 일이 많았다. 하지만 때로 보험회사는 손해를 보면서도 소송을 걸었다. 1873년에는 선장과 선원이 미리 배에서 내린 다음, 바닷물을 끌어들여 배를 침몰하게 한 선주가 징역 20년을 선고받았는데, 선주를 엄하게 처벌해서 다른 보험 사기를 미리 막으려는 의도였다. 이때 보험회사는 6~7천 파운드의 보험금을 주지 않는 대신 9천 파운드의 소송 비용을 썼다.

사회 보험의 등장

19세기 후반 국가 주도 아래 질병, 빈곤, 은퇴, 실업 등 사회적 위험에 대비하는 '사회 보험'이 독일에서 처음 모습을 드러냈다. 산업화가 진행되면서 늘어난 독일의 노동자는 조직적인 노동운동을 통해 정치적인 힘을 가지게 되었으며 지주나 사업가 등 기득권층과 심각한 갈등을 빚었다.

당시 독일 총리였던 비스마르크는 노동자들을 끌어안는 방법의 하나로 사회 보험 정책을 폈다. 1883년에는 노동자의 병원 치료 비용을 지원하는 '의료 보험', 1884년에는 사고나 질병을 당한 노동자에게 보상하는 '산업 재해 보험', 1889년에는 70세 이상이거나 몸이 아파 일을 그만둔 노동자에게 연금을 지급하는 '폐질 노령 연금'을 각각 만들었다. 여기 필요한 돈은 노동자와 고용주가 나눠 부담했다.

영국은 1908년 70세 이상의 빈곤층 노인을 지원하는 '노령 연금', 1911년에는 연간 160파운드 이하 소득을 거두는 사람들에게 제공하는 '국민건강보험'

사회 보험 정책을 적극적으로 펼친 비스마르크

THE DAWN OF HOPE.

Support the Liberal Government
in their policy of
SOCIAL REFORM.

영국 국민건강보험 홍보 전단지

과 임금이 낮은 비정규직 노동자들을 지원하는 '실업 보험'을 만들었다. 20세기 초에 들어서면서 유럽 여러 나라가 사회 보험을 시행했다. 미국은 1929년 경제 대공황 이후 대규모 실업자가 생겨나자 1935년 사회보장법을 제정하고 '실업 보험'과 '노령 연금'을 만들었다. 20세기 이후 각국의 사회 보험은 계속 발전하고 있다.

다양한 보험과 보험업 종사자

20세기 이후 사회가 복잡해지면서 해상, 화재, 생명 보험 등 전통적인 보험 외에도 자동차, 질병, 상해, 여행 등 다양한 보험이 등장했다. 유명인이 소유한 보석, 배우의 몸, 가수의 성대, 축구 선수의 발 등 특정 대상을 위한 독특한 보험도 있으며 특별한 시기, 예를 들어 크리스마스나 명절 휴가 시기에 도난 사고가 일어나면 보험금을 받는 보험도 있다.

또한 보험업 종사자가 하는 일도 여러 가지로 나뉘었다. 보험 계약자와 보험업자를 이어주고 보험 계약을 맺는 보험 중개인 외에도 확률을 바탕으로 최적의 보험료를 계산하는 수학 전문가는 보험업에서 빼놓을 수 없었다. 사회 보험이 발달하면서 정부 기관에서 보험금을 운용하고, 정책을 수립하는 전문가도 늘었으며, 보험사기를 막기 위해 사고를 조사해서 내용이 올바른지를 판단하는 일도 중요해졌다.

서양식 보험을 도입한
동아시아 보험의 변화

● 중국의 보험

서양식 보험의 중국 진출

19세기에 들어서자 중국에 서양식 보험회사가 등장했다. 1805년 영국 회사가 광저우에 '간당보안행(광저우보험회사)'이라는 보험회사를 처음으로 설립했다. 1840년 아편 전쟁 이후 중국이 항구를 열자 상하이를 중심으로 많은 외국 상인과 회사가 몰려들었으며, 상거래가 활발해지면서 외국계 보험회사가 생겨났다.

1865년에는 중국인이 만든 최초의 보험회사인 '의화공사보험행'이 탄생했고 1875년에 청나라 정부 주도하에 중국 상인의 선박, 창고, 화물 운송에 관한 보험 업무를 담당하는 '보험초상국'이 만들어지면서 중국의 보험업은 본격적으로 성장했다.

이후 1911년까지 중국인이 만든 보험회사는 45개까지 늘어났지만, 전체 보험 시장의 약 10% 정도만 차지했을 뿐 여전히 외국 보험회사가 중국 보험 시장을 지배했다. 1930년대까지 중국 보험업은 계속 성장해서 보험회사 수와 자본금은 많이 늘어났지만, 외국 보험회사를 당해내지 못했다.

중화인민공화국 수립 이후

1949년 수립된 중화인민공화국은 '중국인민보험공사'를 수립해서 국내외의 보험 업무를 맡겼다. 이로 인해 중국에 진출했던 외국 보험회사는 1952년까지 전부 중국에서 철수했다.

1958년부터 중국 정부는 사회주의 계획 경제를 시행하면서 중국인민보험공사의 국내 보험 업무를 중단시켰다. 1979년 개혁 개방 이전까지 중국에 보험산업은 사실상 존재하지 않았다. 개혁 개방 정책이 시작된 1979년 국내 보험 업무가 다시 시작되었으며 중국인민보험공사가 보험을 독점했다.

1985년 이후 3개의 보험회사가 더 만들어졌으며 1992년에는 상하이를 외국 보험회사에 시범적으로 개방했다. 이후 미국, 일본, 캐나다, 독일 등 보험회사가 지사를 만들거나, 중국 회사와 함께 중국의 보험업에 진출했다. 2001년 중국이 세계무역기구WTO에 가입한 후 중국에서 활동하는 외국 보험회사는 50여 개로 늘어났으며, 중국은 2020년 기준 한 해 보험료 수입이 약 720조 원에 달하는 세계 2위의 보험 대국으로 성장했다.

● 우리나라의 보험

일본과 서양 보험회사의 진출

강화도 조약으로 조선은 부산, 원산, 제물포(지금의 인천) 세 항구를 개방하고, 이후 일본뿐 아니라, 미국, 영국 등 서양 여러 나라와 외교 관계를 맺었다. 서양 상인이 교역을 위해 몰려오면서 자연스럽게 외국의 보험회사도 우리나라에 들어오게 되었다.

일본과 서구의 보험회사는 우리나라에 들어온 자국 상인, 외교관 등 그 나라 국민과 그들 소유의 가게, 건물 등을 대상으로 활동했다. 1880년 1월 일본 '동경해상보험'이 부산에 최초로 지점을 설치했으며, 1884년에는 영국계 '홍콩화재보험'이 인천에 진출했다.

조선은 1894년 갑오개혁을 통해 낡은 제도를 새롭게 바꾸면서 우리나라 1호 보험회사인 '대조선보험회사'의 설립을 허가했다. 1910년 일제의 식민지 지배가 시작되기 전까지 일본의 많은 보험회사가 들어와 국내 보험 산업을 주도했는데, 1910년에 일본 보험회사

우리나라 최초의 보험은 사람을 위한 게 아니었다?

농업을 주로 하던 당시 조선에서 농민에게 가장 중요한 재산 1호는 '소'였으며, 우리나라 최초의 보험도 소의 위험에 대비하는 것이었다. 1897년 대조선 보험회사가 발행한 보험증서에는 소의 색깔, 뿔의 상태를 기록해 두었으며, 소가 죽으면 크기에 따라 큰 소는 100냥, 중간 소는 70냥, 작은 소는 40냥을 보상한다는 내용이 있다. 소 보험은 전국적으로 골고루 발행했지만, 보험에 가입하지 않은 소는 사고팔지 못하게 했기에 농민의 거센 반대에 부딪혔고, 만든 지 100일 만에 폐지되었다.

대조선보험회사에서 발행한 소에 대한 보험증권
(국립민속박물관)

의 대리점, 출장소가 총 96개에 달했다.

일제 강점기의 보험업

일제 강점기 우리나라의 보험업은 일본 보험회사가 지배했지만, '조선생명보험주식회사'와 '조선화재보험주식회사*' 같이 우리나라

---

* 1950년에는 동양화재로, 2005년에는 메리츠 화재해상으로 이름을 바꿔 지금도 활동 중인 우리나라에서 가장 오래된 증권회사이다.

조선총독부 체신국에서 발행한 간이 생명 보험 증서(국립민속박물관), 보험료는 50전으로 오늘날 돈으로 하면 약 7만원이다.

사람이 세운 보험회사도 있었다. 1929년에 조선총독부는 총독부령으로 사회 보험의 성격을 띤 '간이 생명 보험'을 실시했다. 이 보험은 건강 검진을 받지 않고 가입할 수 있었으며 보험료도 쌌지만, 반대로 받을 수 있는 보험금도 적었다. 이를 계기로 일본계 보험회사의 진출은 더욱 늘어나 1915년 전국에 625개가 있었던 일본 생명보험회사의 지점이 1940년에는 4,583개로 늘어났다. 보험계약 건수는 1913년 2만 5천여 건에서 1942년 말에는 87만 1천여 건으로 증가했으며, 보험회사의 보험료 수입은 약 74배 늘어났다. 하지만 보험 계약자 중 80%는 일본인이었다.

9·18 사변과 류탸오후 사건

호시탐탐 중국 침략을 노리던 일본 제국주의는 중국 만주 펑톈성 류탸오후에서 철로를 폭파하고 이를 중국의 소행으로 뒤집어씌운 다음 중국군을 공격했다(류탸오후 사건). 그 후 일본군은 만주를 점령하고 청나라의 마지막 황제 푸이를 내세워 일본의 꼭두각시인 '만주국'을 세웠다. 이 침략을 중국에서는 '9·18사변', 일본에서는 '만주사변'이라고 부른다.

일본은 1931년 '9·18사변(만주사변)'으로 중국을 침략한 이후 간이 생명 보험에 가입하도록 우리 민족을 압박했으며, 여기서 모은 돈으로 전쟁 비용을 충당했다.

광복 이후 우리나라 보험업의 성장

전쟁에서 패망한 후 일본 보험회사들은 우리나라에서 급히 철수했고, 많은 사람이 돈을 돌려받지 못했다. 광복 직후 국내에는 조선생명보험회사와 조선화재보험회사 2곳만 남게 되었지만, 그 후 1948년 정부 수립 전까지 10여 개의 보험회사가 새롭게 생겨났다. 6·25 전쟁으로 혼란과 침체가 계속되는 가운데서도 1952년 화재 보험회사가 등장했고, 1953년에는 해상 보험 사업도 시작되었다. 1959년에는 자동차 보험도 생겨나 보험업은 본격적으로 뿌리를 내렸다.

국민 복지 보험 제도 실시 기념으로 발행된 우표(왼쪽)(국립민속박물관)와 국민 생명 보험 계약고 1000억 돌파 기념 우표(오른쪽)(국립민속박물관)

1960년대 이후 1980년대까지 우리나라 경제는 눈부시게 발전했고, 이에 따라 자연스럽게 보험업의 규모도 커지고 보험회사도 늘어났다. 1986년에는 미국 생명보험회사가 처음으로 우리나라에 진출했으며, 1990년대가 되면 많은 외국 보험회사가 국내에 지점을 열었다.

　1963년에는 산업 재해 보상 보험, 1988년에는 국민연금, 1989년에는 전 국민 의료 보험, 1993년 고용보험 등이 시행되어 4대 보험 제도가 자리 잡았으며, 2003년부터는 고객이 금융 서비스를 편안하게 이용할 수 있도록 은행에서 보험에 가입할 수 있는 '방카슈랑스*'가 시작되었다. 21세기에 들어선 우리나라 보험업계는 보험 계약자를 보호하고, 보험회사의 재정을 건전하게 유지하고, 보험에 가입하는 방법을 다양화하는 등 계속 발전하고 있다.

＊ 방카슈랑스는 프랑스어로 은행인 '방카(Banque)'와 보험을 뜻하는 '아슈랑스(Assurance)'가 합쳐진 단어이다.

오늘날과
미래의 보험과
보험업 종사자

오늘날에는 다양한 보험 상품과 보험업 직업이 있다. 기술의 발전으로 대면 영업이 줄어들고 있으나 고령 인구가 늘어나 대면 서비스를 원하는 사람이 늘어나 보험업 종사자의 수는 크게 변하지 않을 것으로 예측한다. 이처럼 사회 구조가 변화하고 사람들의 생활 방식이 변화하는 한 보험업과 보험업 종사자는 다양한 모습으로 발전할 것이다.

오늘날의 보험과
보험업 종사자

● 보험의 종류

보험 대상에 따라

우리나라의 보험업법에서는 보험을 크게 세 가지로 구분한다. 첫 번째는 사람이 죽거나, 정한 나이가 넘었을 때 약속한 보험금이나 연금을 지급하는 '생명 보험 상품', 두 번째는 우연한 사건으로 발생하는 손해를 보상해 주는 '손해 보험 상품', 세 번째는 사람이 병에 걸리거나 다쳤을 때, 또한 치료받을 때 필요한 비용을 보상해 주는 '제3 보험 상품'이 있다. 생명 보험 상품에는 생명 보험, 연금 보험, 퇴직 보험이 있으며, 손해 보험 상품에는 화재, 해상, 자동차 보험뿐 아니라 도난 보험, 동물 보험, 보증 보험, 기술 보험 등 여러 가지가 있다. 제3

보험 상품에는 상해 보험, 질병 보험, 간병 보험이 속한다.

보험 운영 주체에 따라

누가 보험을 운영하느냐에 따라 '민영 보험'과 '사회 보험'으로 나눌 수 있다.

민영 보험은 개인이나 기업이 위험에 대비하기 위해 자유롭게 가입하는 보험이다. 민간단체인 보험회사가 영리 목적으로 운영한다.

사회 보험은 미래에 닥칠 수 있는 사회적 위험에 맞서 국민의 건강과 생활을 유지하기 위해 국가에서 운영하는 보험이다.

그 외에도 기간에 따라 장기 보험과 단기 보험, 무조건 가입해야 하는 강제 보험과 내키는 대로 가입할 수 있는 임의 보험, 기업을 대상

우리나라의 사회 보험

우리나라의 사회 보험으로는 흔히 4대 보험이라고 하는 '산업 재해 보상 보험(산재 보험)', '국민연금', '국민 건강 보험(건강보험)', '고용 보험'이 있다. 산재 보험은 일하다 부상, 질병, 장애가 생기거나 사망하면 보상해 주는 제도이며, 국민연금은 더 이상 일하기 어려운 나이가 되면(2022년 기준 만 65세) 국가에서 매월 정한 금액을 지급하는 제도이다. 건강 보험은 질병이나 부상으로 생기는 고액의 진료비를 지원해 주며, 고용보험은 직장을 잃어 일시적으로 돈을 벌지 못하는 사람에게 생활을 유지할 수 있도록 돕는다.

으로 하는 기업 보험과 개인을 대상으로 하는 개인 보험 등 여러 가지 기준으로 나눌 수 있다.

● 여러 영역의 보험업 종사자와 자질

보험은 보험료를 내고 보험에 가입하는 '보험 계약자'와 보험료를 받아 운영하다가 조건에 따라 정해진 보험금을 지급하는 '보험업자' 사이의 계약으로 정해진다. 보험업자는 대부분 '보험회사'이며, 보험회사와 보험 계약자 사이에는 보험과 관련된 다양한 일을 하는 '보험업 종사자'가 있는데, 보험업 종사자는 '보험모집인'과 '보험전문인' 으로 나눠볼 수 있다.

보험모집인

보험회사를 위해 보험계약을 중개하는 사람이 '보험모집인(모집종사자)'으로, 이들은 보험 관련 서류를 검토하고, 보험 계약서를 작성하고, 보험 계약 체결을 중개한다. 보험모집인에는 특정 회사 소속으로 그 회사를 위해 보험 계약 체결을 중계하는 '보험설계사', 특정 회사를 대리해서 보험계약을 맺는 '보험대리점', 보험회사에 속하지 않고 독립적으로 활동하면서 여러 회사의 보험계약을 중개하는 '보험 중개사'가 있다. 이 중 가장 대표적인 보험업 종사자이자 사람들에게 친숙한 직업은 보험설계사이다. 보험설계사, 보험대리점, 보험중개사로 활동하려면 금융을 감독하는 행정부서인 '금융위원회'에 등록해야 한다. 그 외 보험회사의 임직원도 보험모집인이다.

보험전문인

보험업에는 각종 사고의 발생 위험을 예측하고, 발생한 손해를 평가하는 사람이 필요하다. '보험계리사'는 각종 보험사고의 위험을 확률이론과 수학적 방법으로 예측해서 보험 상품을 개발하며(예를 들어 사망표로 나이별 생존 확률을 계산하고, 나이마다 다른 보험료와 보험금을 정하는 일), 보험회사의 '책임준비금*'을 계산하고 회사의 재무 상태 등을 점검한다.

사고가 발생하면 실제 손해액을 평가하고 보험금을 결정하는 사람이 '손해사정사'이다. 해상 사고의 피해, 자동차 사고로 인한 사람의 피해와 사물의 피해, 상해 및 질병으로 인한 손실 등 사고의 종류에 따라 전문적인 손해사정사가 있다. 보험계리사와 손해사정사도 모두 증권위원회에 등록해야 한다.

＊ 은행의 지급 준비금처럼 보험 계약자에게 보험금을 주기 위해 모아두는 돈.

보험업 종사자의 자질

보험업 종사자 중 보험모집인은 고객을 만나 보험 상품의 장점과 특징을 설명하고, 고객의 경제적 상황과 환경을 파악해서 적절한 것을 추천한다. 이를 위해서는 사교적이고, 대인관계가 원만하며, 예의 바른 사람이 유리하다. 또한 각종 서류를 다루고, 정확한 보험금을 산정해야 하기에 기본적인 계산 능력이 뛰어날뿐 아니라, 정확하고 꼼꼼해야 한다.

보험전문인인 보험계리사는 통계학 등 수학 실력과 자료 분석 및 예측 능력이 필요하며, 손해사정사는 자기가 담당한 영역에 관한 전문 지식이 필요하다. 예를 들어 자동차 보험을 담당하는 손해사정사는 자동차의 구조와 기능 같은 공학 지식, 교통사고의 원인과 결과에 관한 지식, 부상 및 피해 정도를 판단할 수 있는 지식 등이 필요하다.

이런 전문적인 지식과 경험 외에도 보험업 종사자는 '피해'와 '돈'을 다루는 직업이기에 정직함과 책임감은 필수적이다.

미래의 보험과
보험업 종사자

기술 발달과 보험 산업의 변화

은행과 마찬가지로 보험도 온라인과 모바일을 이용하는 서비스의 증가, 인공지능 시스템의 도입 등으로 오프라인 영업점과 직원은 줄어들고 있으며, 이 추세는 계속될 것이다. 하지만 고령 인구가 늘어나면서 대면 서비스를 원하는 사람이 계속 증가하고 있다. 또한 기술 발전과 사회 변화에 따라 새로운 보험 상품이 개발되고 있어서, 이를 담당하는 보험업 종사자도 계속 필요하다. 줄어드는 요인과 늘어나는 요인이 모두 있기에, 2029년까지 보험업 종사자 수는 지금에 비해 크게 달라지지 않으리라 예측한다(2019~2029 중장기 인력수급전망, 한국고용정보원).

인슈어테크의 등장

그동안 보험은 시대가 변해도 크게 달라지지 않는 보수적인 산업이었다. 하지만 기술의 발전으로 보험 산업도 급격한 변화를 맞이했다. 2010년대 중반 이후에는 금융에 필요한 여러 핀테크 기술을 보험 산업에 결합한 '인슈어테크*'라는 용어가 등장할 정도였다. 최근에는 사람의 머리를 뛰어넘는 인공지능, 일상생활에 쓰는 모든 물건이 인터넷에 연결되는 사물인터넷, 수많은 정보를 저장하고 분석할 수 있는 빅 데이터, 사람이 운전하지 않아도 다닐 수 있는 자율주행 자동차, 블록체인 기술을 활용한 보안과 가상 자산, 실생활과 흡사해진 인터넷 가상 공간인 '메타버스' 등 새로운 기술이 등장했고, 이런 변화와 발전은 보험 산업에도 직접 영향을 끼치고 있다.

온라인으로 누구나 보험 가입

보험도 인터넷과 모바일을 활용해서 가입하는 사례가 계속 늘고 있다. 특히 자동차 보험 분야는 미국의 경우 75%가, 영국의 경우 60% 이상이 이미 온라인으로 보험에 가입하고 있다. 단순히 온라인으로 보험료나 보험금 등 가격과 계약 조건을 비교하는 수준을 넘어서 전통적인 보험설계사나 보험 중개인이 하는 역할까지 인터넷이나

* insurance(보험)와 technology(기술)를 결합해 새로 만든 용어이다.

모바일로 대신하고 있다. 이런 추세는 앞으로도 계속될 것이다. 또한 보험회사만 보험을 판매하는 것이 아니라 온라인 유통업체, IT업체 등도 보험 판매에 관심을 기울이고 있다.

오늘날에는 모바일 애플리케이션으로 보험을 가입하고 사용자의 생활 패턴을 분석해 보험료 할인 방법을 알려준다.(flicker, ⓒHS You)

개인과 개인이 보험을 거래

오늘날 사람들은 보험회사 같은 기존 금융 기관을 거치지 않고 인터넷상에서 자기들끼리 보험을 만들어 위험을 관리하기 시작했다. 예를 들어 자동차를 좋아하는 동호회 회원들이 매달 일정한 돈을 모아두고, 혹시라도 사고가 생기면 모아두었던 돈에서 보험금을 지급하는 것이다. 그리고 일부는 다른 보험회사에 재보험을 들어 위험을 분산한다. 이 방법은 마치 중세 길드의 상호부조와 흡사하기에 완전히 새로운 방식은 아니지만, 보험회사가 직접 돈을 관리하지 않고 인터넷상에 사람들이 모일 수 있는 환경(플랫폼)만을 제공한다는 점이 다르다. 마치 로이드 커피하우스가 인터넷에 문을 연 것과 흡사하다. 게다가 보험 가입자는 보험전문가 없이도 인터넷 상의 수많은 자료와 인공지능을 활용해서 복잡한 보험료 계산과 위험 평가를 할 수 있다.

인공지능과 블록체인의 활용

보험의 대상이 되는 여러 사물(선박, 자동차, 귀중품 등)에 작은 센서를 부착해서 정보를 수집하면 그 대상의 위험성을 정확히 측정하고 예측할 수 있다. 또한 사람의 건강 상태나 활동 상태도 늘 사용하는 생활용품, 가전제품, 옷이나 안경 등에 부착한 센서로 알아낼 수 있다. 이 정보를 인공지능 기술로 분석, 판단하면 보험 대상의 위험도를 더욱 정확히 계산할 수 있다. 또한 보험 사고의 패턴을 인공지능으로 분석해서 정말 사고가 일어났는지, 사고의 규모가 어느 정도인지를 판단하면 보험 사기를 잡아낼 수도 있다. 블록체인 기술을 이용해서 개인 정보를 안전하게 관리하고, 보험 계약서도 다른 사람이 내용을 변경하거나 위조할 수 없도록 보호한다. 이런 기술을 활용하면 보험 계약부터 손해 평가, 보험금 지급까지 전 과정에 사람이 없이도 처리 가능할 것이다.

달라지는 보험 산업 구조와 보험업 종사자의 미래

2015년 세계경제포럼은 기술이 금융 산업 중에서 보험을 가장 크게 변화시킬 것으로 예측했다. 이 변화는 단지 기술의 발전으로 보험에 가입하기가 편해지는 정도가 아니라 새로운 보험이 등장해서 보험 산업의 구조 자체가 달라지는 것을 의미한다. 거액의 보험, 오래 가입하는 보험이 아니라 사소한 물건, 잠깐 필요할 때만 가입하는 보험이 늘어날 것이다. 이제는 어떤 물건을 혼자 '소유'하지 않고 여럿이 나눠 '이용'한다. 다른 사람의 자가용 차량을 택시처럼 쓰고 (우버), 타인의 집을 호텔로 이용(에어비앤비)하는 일은 이미 널리 퍼졌으며, 앞으로는 더 많은 대상을 '공유'할 것이다. 보험도 여럿이 공동으로 이용할 때 생기는 위험을 어떻게 관리할 것인가를 고민해야 할 것이다.

생활 방식의 변화로 건강관리, 질병 발생 패턴이 달라지고 있다. 자율주행 자동차, 드론 등 새롭게 등장한 기술과 제품이 가져온 새로운 위험에 맞게 새로운 보험을 개발하는 것도 보험업 종사자의 숙제이다. 보험업과 보험업 종사자는 새로운 영역을 개척해 크게 발전할 기회를 맞이했다.

어떻게 보험업 종사자가 될 수 있나요?

우리나라의 보험회사와 보험업 종사자 현황

2021년 말을 기준으로 우리나라 보험회사는 총 28개이며, 국내에 진출한 외국 보험회사는 26개이다. 전체 54개 보험회사 중 생명보험 회사는 23개, 손해보험 회사는 31개이다. 보험회사의 지점과 대리점 지점은 보험회사에서 필요한 지역에 사무실을 연 것이며, 대리점은 개인이나 법인이 보험회사와 보험대리인 계약을 한 후 보험 상품을 판매하는 것이다.

우리나라 보험회사의 지점과 대리점은 모두 40,335개가 있는데 이 중 손해보험 회사의 지점과 대리점은 31,986개이며 생명보험의 지점과 대리점은 8,349개이다. 보험회사 직원과 보험설계사는 모두 296,076명인데 이 중 보험회사 직원은 56,625명이다(금융통계정보시스템 https://fisis.fss.or.kr/ 참고). 보험회사 직원 중 보험계리사는 2021년 기준 1,114명으로 매년 늘어나는 추세이며, 손해사정사는 10,000명이 조금 넘는다.

보험업 종사자가 되는 법

보험회사는 저마다의 기준에 따라 직원을 뽑는다. 회사에 따라, 모집 분야에 따라 요구하는 지식이 다르지만, 보통 대학이나 대학원 졸업 학력이 필요하다.

보험설계사

보험설계사가 되는데 특별한 자격조건은 없지만, 생명보험협회나 손해보험협회에서 시행하는 자격시험을 통과하고 금융위원회에서 정하는 연수를 받아야 한다. 생명보험협회 자격시험 센터(exam.insure.or.kr)와 손해보험협회 모집종사자 관리센터(isi.knia.or.kr) 홈페이지에서 보험설계사 시험에 관해 자세히 안내한다.

보험계리사

보험계리사는 금융감독원에서 시행하는 1차 객관식 시험, 2차 논술형 시험을 통과해야 하는데, 나이, 학력, 경력 제한은 없다. 1차 시험에서는 경제학, 수학, 영어, 관련 법률, 회계 원리 등 기본적인 지식을 보고, 2차 시험에서는 전문적인 내용을 평가한다. 금융감독원, 보험회사, 보험협회, 계리사 법인 등에서 5년 이상 근무했거나, 외국의 계리사 자격증이 있는 사람은 1차 시험을 면제받을 수 있다. 시험에 합격한 후에는 금융감독원, 보험회사, 보험협회 등에서 6개월간 실무 수습을 마쳐야 한다.

손해사정사

손해사정사의 경우 금융감독원에서 실시하는 손해사정사 시험을 통과해야 한다. 1차 시험에서는 보험 관련 법률, 손해사정 이론 등을 객관식으로 치르며 2차 시험에서는 전문적인 내용을 논술형 시험으로 치르고, 합격한 후에는 금융감독원, 보험회사, 보험협회 등에서 6개월의 실무 수습을 받는다. 금융감독원, 보험회사, 보험협회, 손해사정 업무를 하는 법인 등에서 5년 이상 근무한 사람은 1차 시험을 면제받는다.

· 교과연계 내용 ·

과목 · 과정	초등학교 과정
5학년 사회	옛사람의 삶과 문화 / 사회의 새로운 변화와 오늘날의 우리
5학년 실과	나와 직업
6학년 사회	우리나라의 경제 발전 / 세계 여러 나라의 자연과 문화

과목 · 과정	중학교 과정
사회1	개인과 사회생활 / 사회 변동과 사회 문제
사회2	경제 생활과 선택 / 시장 경제와 가격 / 국민 경제와 국제 거래 / 글로벌 경제 활동과 지역 변화
역사1	문명의 발생과 고대 세계의 형성 / 지역 세계의 교류와 변화 / 제국주의 침략과 국민 국가 건설 운동 / 세계 대전과 사회 변동 / 현대 세계의 전개와 과제
역사2	선사 문화와 고대 국가의 형성 / 남북국 시대의 전개 / 고려의 성립과 변천 / 조선의 성립과 발전 / 조선 사회의 변동 / 근 · 현대 사회의 전개
진로와 직업	일과 직업 세계의 이해 / 진로 탐색 / 진로 디자인과 준비

과목 · 과정	고등학교 과정
경제	경제생활과 경제 문제 / 시장과 경제 활동 / 국가와 경제 활동 / 세계 시장과 교역 / 경제생활과 금융
세계사	인류의 출현과 문명의 발생 / 동아시아 지역의 역사 / 서아시아 · 인도지역의 역사 / 유럽 아메리카 지역의 역사 / 제국주의와 두 차례 세계 대전 / 현대 세계의 변화
동아시아사	동아시아 역사의 시작 / 동아시아 세계의 성립과 변화 / 동아시아의 사회 변동과 문화 교류 / 동아시아의 근대화 운동과 반제국주의 민족 운동 / 오늘날의 동아시아
생활과 윤리	사회와 윤리
한국사	전근대 한국사의 이해 / 근대 국민 국가 수립 운동 / 일제 식민지 지배와 민족 운동의 전개 / 대한민국의 발전
진로와 직업	일과 직업 세계의 이해 / 진로 탐색 / 진로 디자인과 준비
통합사회	생활 공간과 사회 / 시장 경제와 금융

미래를 여는 경이로운 직업의 역사

장사와 돈에 관련된 직업 II │ 은행·증권·보험 관련 직업

초판 1쇄 발행 2022년 12월 21일
초판 2쇄 발행 2024년 5월 14일

지은이	박민규
펴낸이	박유상
펴낸곳	빈빈책방(주)
편집	배혜진 · 정민주
디자인	기민주
일러스트	김영혜

등록	제2021-000186호
주소	경기도 고양시 덕양구 중앙로 439 서정프라자 401호
전화	031-8073-9773
팩스	031-8073-9774
이메일	binbinbooks@daum.net
페이스북	/binbinbooks
네이버 블로그	/binbinbooks
인스타그램	@binbinbooks

ISBN 979-11-90105-52-1 (44190)